Antonio Carlos Ascar

SUPERMERCADOS NO BRASIL

Conceitos, história e estórias

Apoio:

Copyright© 2021 by Literare Books International
Todos os direitos desta edição são reservados à Literare Books International.

Presidente:
Mauricio Sita

Vice-presidente:
Alessandra Ksenhuck

Diretora executiva:
Julyana Rosa

Diretora de projetos:
Gleide Santos

Relacionamento com o cliente:
Claudia Pires

Capa, projeto gráfico e diagramação:
Gabriel Uchima

Revisão:
Rodrigo Rainho

Impressão:
Impressul

Dados Internacionais de Catalogação na Publicação (CIP)
(eDOC BRASIL, Belo Horizonte/MG)

A811s Ascar, Antonio Carlos.
     Supermercados no Brasil/ Antonio Carlos Ascar. – São Paulo, SP: Literare Books International, 2021.
     16 x 23 cm

     ISBN 978-65-5922-085-4

     1. Literatura de não-ficção. 2. Supermercados. 3. Vendas. I.Título.

CDD 658.4

Elaborado por Maurício Amormino Júnior – CRB6/2422

Literare Books International.
Rua Antônio Augusto Covello, 472 – Vila Mariana – São Paulo, SP.
CEP 01550-060
Fone: +55 (0**11) 2659-0968
site: www.literarebooks.com.br
e-mail: literare@literarebooks.com.br

SUPERMERCADOS
NO BRASIL

Dedico este livro à minha mulher Raquel,
aos meus filhos, genros, nora e netos,
por tudo o que representam para mim.
E ao meu especial amigo
Raymundo Magliano *(in memoriam)*.

AGRADECIMENTOS

Obrigado a todos que me ajudaram neste segundo livro, especialmente ao companheiro e jornalista Wagner Hilário, pela qualidade de sua revisão, bem como aos jornalistas Roberto Nunes Filho e Roberto Leite, que também contribuíram para este trabalho de edição e revisão.

À minha mulher Raquel, que, paciente, me atura, sempre entrando em todos os supermercados que passamos pela frente, tanto aqui como no exterior. É ela quem torna possível, como médica, minha vida com muita qualidade, tanto física, quanto mental e intelectual. É minha fonte de inspiração.

Muito obrigado aos meus filhos e netos, um constante incentivo para eu terminar este livro, cuja ideia original é de 1990. Fiz um primeiro esboço, em 2005, que ficou arquivado todos esses anos. Graças a Deus agora ficou pronto.

Um agradecimento especial a todos os meus colegas supermercadistas que me ensinaram este ofício, me formando como profissional supermercadista e como escritor especializado. Sou a soma dos conhecimentos de todos eles.

Agradeço também ao apoio cultural da GS1 Brasil e da Hero.

PREFÁCIO

Um apaixonado pelo maravilhoso "mundo dos supermercados", como ele gosta de dizer, Antonio Carlos Ascar tem sua trajetória pautada por um profundo aprendizado sobre o setor supermercadista. Começou com menos de 25 anos no Pão de Açúcar, quando ainda era estudante universitário de Administração de Empresas. Teve a valiosa oportunidade de estagiar no chão de loja e conhecer um pouco de cada departamento antes de chegar à direção executiva da rede. Já deu aulas, palestrou em diversos eventos no Brasil e no exterior e se tornou uma importante referência no varejo nacional.

Nesta obra, ele nos presenteia com relatos históricos que certamente servirão como base de pesquisa para todos que almejam se aprofundar na história do setor supermercadista brasileiro. Trazendo os fatos mais relevantes de cada década, desde o surgimento do primeiro supermercado no Brasil, em 1953, até os inovadores formatos de 2020. Nos mostra, de forma clara, e com seu jeito bem-humorado, como se deu a disseminação do autosserviço, consagrando a capacidade de estabelecer relação direta entre clientes e mercadorias, não apenas para o varejo de alimentos, mas também para outros varejos. Logo no primeiro capítulo, leva-nos de volta no tempo e analisa as relações comerciais atuais pela ótica da "evolução do comércio no mundo, das trocas ao supermercado".

Desde seu surgimento, o setor supermercadista não parou de evoluir, transformando-se nesse gigante que é hoje, tão diversificado e moderno. Um processo baseado em grandes transformações socioeconômicas, em mudanças de estilo de vida da população e surgimento de novos hábitos de consumo.

Manter nossa história viva e inspirando empresários e profissionais que atuam diariamente nos supermercados é um desafio, e algo que o Ascar faz naturalmente ao longo das páginas desta obra. Além de diversas informações e curiosidades sobre esse complexo e apaixonante universo de gôndolas e *checkouts*, o livro nos incentiva a refletir. Por meio de relatos históricos, nos impulsiona a repensar o passado, a analisar o presente e a vislumbrar o futuro desse setor "sem limites de inovação". Sem dúvida, uma obra imperdível para todos!

João Carlos Galassi,
Presidente da Associação Brasileira de Supermercados (Abras)

APRESENTAÇÃO

Caro leitor, "que mundo maravilhoso você está para entrar: o mundo dos supermercados". Com esta frase, em abril de 1999, abri a aula inaugural do 1º Curso Superior em Gestão de Supermercados do Brasil, implementado, pioneiramente, pela Universidade do Oeste de Santa Catarina (Unoesc), na cidade de Joaçaba, em Santa Catarina. Com ela, quero também ilustrar as primeiras páginas deste livro "*Supermercados no Brasil – Conceitos, História e Estórias*".

Quero contar-lhe parte das estórias que vivi, pessoas que conheci durante a minha trajetória nesse "mundo", um pouco do que aprendi, técnicas e parte da história deste pequeno grande universo. Sempre cultivei o sonho de escrever este livro focado nos supermercados, desde sua origem à sua evolução no exterior, e principalmente no Brasil.

Atuando em diversos cargos na administração do Grupo Pão de Açúcar, por mais de três décadas, minha profissão sempre exigiu muito trabalho e conhecimento, para inovar conceitos e lojas, uma inteira disponibilidade e dedicação para estudar, pesquisar, me atualizar, viajar e conhecer outras redes de supermercados no Brasil e no exterior — suas lojas, seus gestores e suas ideias.

Além de minhas funções na companhia, conseguia tempo para ministrar palestras, dar aulas, escrever artigos e colaborar com várias revistas especializadas em varejo, como SuperHiper (Brasil), Tecnomercado (Chile) e Distribuição Hoje (Portugal).

Assim, o tempo era curto e meu projeto era sempre postergado, adiado, contra a minha vontade e de vários amigos que sempre me incentivavam a executá-lo. Durante anos, desde 1990, fui criando um acervo com muitos artigos, fotos e notícias, preparando-me para escrever este livro que já tinha até nome.

Por várias vezes ouvi comentários como: "Que bom! Você tem muita estória para contar", "tudo o que você já viu e passou deve ser transmitido" ou "desde 1965 no ramo? Você já vivenciou muitas coisas interessantes". Mas a empreitada era difícil.

Então me animei a escrever, mas outro livro. Esse bem mais técnico, achei mais fácil de desenvolver, que foi o "Glossário Ascar de Termos Supermercadistas" e "Distribuindo as camisas", lançados em 2013 e com uma segunda edição em 2017.

Aí criei coragem e comecei a pensar, de novo, neste livro. Mas continuava a atuar como consultor de varejo, articulista e como empresário varejista. O tempo permanecia escasso, e continuava o meu receio de não saber o suficiente para tal empreitada.

Até que um dia, ao escrever minha coluna mensal para uma revista do ramo, veio a inspiração: eu preciso saber para escrever. Mas também preciso escrever para saber mais.

Assim, criei coragem para dedicar-me a ele. Minha insegurança quanto à capacidade de escrevê-lo foi ignorada. Fui escrevendo e aprendendo.

Rapidamente, comecei a me deixar envolver, a sentir prazer pela ideia. Passei a pesquisar mais, a estudar mais e a rever todo o material arquivado por tantos anos. Como foi enriquecedor conversar com tantos amigos do ramo para desenvolver esta empreitada, conhecer e aprender mais e mais! Sou a soma desses conhecimentos.

Supermercados no Brasil – Conceitos, História e Estórias não é um livro didático, com vocação a livro-texto de escola ou de cursos de varejo. É, sim, um livro escrito para ser "degustado", pelo seu conteúdo técnico, pelas suas informações históricas e pelas curiosas estórias de pessoas que todos os dias ajudaram a criar esse "surpreendente e maravilhoso mundo dos supermercados".

O Autor

INTRODUÇÃO

O setor supermercadista tem uma rica história, construída com muita perseverança e dedicação. Movida pelo trabalho, sonhos e expectativas de diversos empresários que sempre projetaram o crescimento e o desenvolvimento dos seus negócios, superando, para isso, diariamente, grandes desafios.

Poucos podem falar com tanta propriedade da trajetória do autosserviço no País como Antonio Carlos Ascar, consultor de varejo, reconhecido e respeitado no Brasil e no exterior, com uma bagagem profissional valiosa de muitos anos na direção do Pão de Açúcar. Acompanhou o crescimento organizacional de rede e teve papel fundamental no aperfeiçoamento operacional das lojas.

Neste *Supermercados no Brasil – Conceitos, História e Estórias*, ele nos proporciona uma viagem incrível ao passado. Traz fatos únicos e curiosos sobre a chegada do primeiro supermercado no País, em 1953, e relata detalhes do processo de expansão do setor pelo Brasil. Uma leitura imperdível para quem deseja conhecer um pouco mais sobre o universo supermercadista e aprender com quem acompanhou de perto toda essa evolução. Sem dúvida, uma fonte valiosa de informação e de pesquisa para professores, estudantes e profissionais.

Uma obra que valoriza a nossa memória e eterniza a dedicação e o esforço de tantas famílias que ajudaram na construção de um dos setores mais fortes e representativos da economia brasileira, responsável por transformar tantas vidas, e que inova e evolui a cada dia. Resgatar e preservar a nossa história é o maior presente que podemos deixar para as próximas gerações!

João Sanzovo Neto,

Presidente do Conselho da Abras
(Associação Brasileira de Supermercados)

SUMÁRIO

CAPÍTULO I:
A EVOLUÇÃO DO COMÉRCIO NO MUNDO 17

CAPÍTULO II:
OS FORMATOS PIONEIROS..25

CAPÍTULO III:
DA MERCEARIA AOS PRIMEIROS SUPERMERCADOS....................37

CAPÍTULO IV:
A GÊNESE DOS SUPERMERCADOS NO BRASIL - PIONEIROS 47

CAPÍTULO V:
AS PRIMEIRAS ESCOLAS 59

CAPÍTULO VI:
SUPERMERCADOS NO BRASIL EM EVOLUÇÃO 75

CAPÍTULO VII:
AS LOCOMOTIVAS DA EXPANSÃO 85

CAPÍTULO VIII:
SURGEM NOVOS FORMATOS DE LOJA 103

CAPÍTULO IX:
FORMATOS DE LOJAS DE ALIMENTAÇÃO 123

CAPÍTULO X:
ESTRATÉGIAS DOS DIFERENTES FORMATOS 141

CAPÍTULO XI:
EVOLUÇÃO DOS LAYOUTS SUPERMERCADISTAS 151

CAPÍTULO XII:
MEUS TIPOS INESQUECÍVEIS 163

CAPÍTULO XIII:
VALE A PENA "LER" DE NOVO 171

CAPÍTULO XIV:
UMA BREVE VISÃO DO FUTURO 193

BIBLIOGRAFIA 213

CAPÍTULO I:
A EVOLUÇÃO DO COMÉRCIO NO MUNDO

> Antes, eu ligava para casa e perguntava à minha mulher:
> "O que tem para o jantar?". Hoje eu pergunto:
> "O que quer que eu leve para o jantar?"

Desde os primórdios, o homem sempre buscou suprir suas necessidades básicas de alimentação, vestimenta e moradia por meio de alguma atividade. A princípio, lançava mão da caça e da pesca, por exemplo. Num segundo momento, agregou às suas atividades a agricultura, o artesanato, a confecção de tecidos e muito mais.

O acréscimo de algumas dessas atividades foi especialmente transformador. Nesse sentido, pode-se destacar, sem dúvida, o advento da agricultura, há cerca de 12 mil anos, que estabeleceu um novo padrão de vida, calcado na disponibilidade regular de alimentos. Os grupos nômades passaram a se fixar em regiões com terras férteis disponíveis e construíram as primeiras moradias a partir do barro, pedra e madeira.

Ao mesmo tempo, a domesticação de animais começou a ser praticada. Tudo o que faziam destinava-se ao consumo próprio. Com o aperfeiçoamento dos meios de produção, muito tempo depois, começam a surgir excedentes que, em vez de serem descartados, tornam-se instrumentos de troca por produtos diferentes e igualmente necessários à sua sobrevivência.

Com a fixação de grupos humanos em locais propícios a satisfazer suas necessidades básicas, eles cresceram e se organizaram em pequenas aldeias. Assim, foi surgindo e evoluindo um comércio rudimentar entre pessoas da mesma aldeia e, posteriormente, de pessoas de diferentes povoados.

Era o começo de uma atividade que exigia comunicação e entendimento entre as partes, valorização de bens, gosto e satisfação pela posse desses bens. Contudo, há estudiosos que defendem o advento do comércio mesmo antes do desenvolvimento das aldeias humanas. Há quem afirme que o comércio é uma atividade anterior à descoberta da agricultura, já que expedições arqueológicas encontraram vestígios de homens mais primitivos, habitantes de uma dada região, utensílios e ferramentas fabricados com materiais que só podiam ser encontrados em locais bem mais distantes, algo que nem o nomadismo seria capaz de justificar.

Por isso, não há exagero algum em afirmar, e muitos estudiosos afirmam, que o comércio é uma atividade inerente à existência humana e ao processo de evolução e civilização dos povos.

SISTEMA DE TROCAS

O sistema de trocas ou escambo, considerado a primeira forma de comércio, era local. As pessoas de uma determinada comunidade faziam essas trocas. As famílias possuíam uma determinada habilidade: pesca, agricultura, pecuária etc. Para garantir o sustento e uma boa produtividade, ocupavam-se apenas das tarefas em que tinham habilidade. Produzindo mais do que consumiam, começaram a estocar. Mas os produtos estragavam e, além disso, eles precisavam de outros itens além dos que eram feitos por eles. Daí, surgiu a necessidade da troca.

Esse sistema permitia que as pessoas não desperdiçassem suas mercadorias e ainda obtivessem itens diversos, cultivados ou criados por outras famílias. Assim, um produtor de trigo trocava o expediente de seu trabalho por feijão, arroz, peixes e carnes ou vestimentas. A barganha, ou melhor, o escambo, era o nome do jogo. Como as trocas eram diretas e sem preços específicos, barganhar era a forma de se conseguir um bom negócio.

Com o passar do tempo, esse comércio começou a ficar cada vez mais amplo e complexo, e se estendeu para além das suas comunidades. Não é possível definir onde, primeiro, o comércio ganhou maior complexidade e sofisticação, assim como não é possível afirmar, categoricamente, onde está o berço da civilização. O fato é que, com o desenvolvimento das práticas comerciais, "não demoraram" (talvez apenas alguns milênios) a surgir moedas, de diferentes formas e tipos, e bancos, que facilitavam as negociações, tornando a barganha uma atividade altamente lucrativa, em alguns casos, mais lucrativa do que a posse de terra.

Os registros mais conhecidos do início dessas atividades comerciais mais complexas e sofisticadas aparecem, então, em regiões como a do Egito, Ásia

Menor, Arábia, Pérsia (hoje Irã), Índia e China. Sua importância para as estruturas sociais aumentava rapidamente e, em torno dele, se desenvolvia um intrincado processo de distribuição e abastecimento das comunidades antigas. Mais do que isso, o comércio aproximava culturas e proporcionava um intercâmbio que trazia avanços tecnológicos e suscitava novas maneiras de enxergar não apenas as relações, mas também a própria existência. Por meio do comércio, o homem encurtava distâncias.

O COMÉRCIO ENTRE OS POVOS DA ANTIGUIDADE

Na Idade Antiga, que vai de 4.000 a.C., com o surgimento da escrita, até 476 d.C., com a queda do Império Romano do Ocidente, o comércio foi fator de modificações sociais e de um significativo desenvolvimento tecnológico. Tornou as distâncias menores entre as nações, facilitando as negociações entre os povos.

Grand Bazar de Isfahan.

A Índia possuía invejáveis minérios e os povos da região dominavam a navegação de rios e a fabricação de utensílios e ferramentas, como arados de ferro para agricultura, o que gerou a cobiça por parte dos países vizinhos. Persas, assírios e babilônios chegaram a invadir a costa hindu inúmeras vezes, tentando obter, para si, parte de seus recursos naturais e, também, lucrar com a confecção dos objetos tão requisitados por diversos países.

As invasões chegaram até a China, um dos povos mais evoluídos da época. Os chineses tinham amplos rios navegáveis e sabiam usar embarcações e outros veículos de viagem, facilitando o desenvolvimento da atividade comercial em todo o seu território e além-mar. É provável até que o conceito de comércio, já não mais de troca, de escambo, tenha lá surgido, pois quase tudo o que de importante surgia no mundo de então era de lá trazido, passava pelos árabes e chegava ao norte da África e por toda a Europa. Falo, por exemplo, do papel, da pólvora, da bússola, da seda, entre tantos outros.

Os longos caminhos percorridos pelos povos viajantes em busca de produtos de grande valor e necessidade podem explicar, então, o intenso comércio que existiu entre Egito, Oriente Médio e os países e povos do oriente já mencionados.

Quanto ao Egito, era um país com forte comércio interno. O desenvolvimento de sua agricultura e artesanato o mantinha independente dos artigos que vinham de outros povos. Os egípcios eram ótimos artesãos. Seus maiores vínculos comerciais foram desenvolvidos com judeus e árabes, que tinham limitações naturais em seus territórios.

As mesmas limitações fizeram dos fenícios (território do atual Líbano e partes da Síria e Israel) os principais comerciantes de sua época, uma vez que, diante de suas necessidades, se viram obrigados a desenvolver, com excelência, a capacidade de intercâmbio. Utilizavam técnicas arrojadas de comunicação para a época, como escrita própria, e dominavam as técnicas de navegação e confecção de mapas, além de buscar nas estrelas a orientação para suas viagens. Foi um dos grandes povos comerciantes do mundo antigo. Em suas múltiplas travessias, chegaram às costas do Mar Mediterrâneo, fundando cidades e portos, como Cádiz, na costa da Espanha em 1.100 a.C., e a famosa Cartago, em 814 a.C., que se tornou um grande centro comercial e rival da poderosa Roma. Hoje, a antiga Cartago é parte da cidade de Tunes, capital da Tunísia.

Com o desaparecimento dos fenícios, ficaram com o título de grandes comerciantes os libaneses (considerados, por alguns historiadores, descendentes diretos dos fenícios), os árabes e os judeus. Estes eram, basicamente, povos com costumes agropastoris, mas que aprenderam muito com os seus vizinhos.

Ainda no Mediterrâneo, sobre uma das civilizações intelectualmente mais sofisticadas da Antiguidade, a grega, atribui-se ao seu comércio papel fundamental na promoção do bem-estar de sua população, o que permitiu às pessoas se preocuparem com questões mais etéreas e transcendentais, ligadas ao conhecimento, como filosofia, indo além da mera sobrevivência.

O Império Romano, famoso pela organização e eficiência militar, foi o grande facilitador e impulsionador do comércio entre os povos do Mediterrâneo e de boa parte de toda a Europa, pela sua extensão geográfica, seu poder bélico, organizacional, e por ter aberto estradas por todos os lados, em todas as direções e nações. Na verdade, diz-se que a globalização comercial começou com ele.

SURGE A REVOLUCIONÁRIA MOEDA

A ideia da moeda é bastante antiga, mas demorou a encontrar um material que conjugasse todas as características necessárias para que, de fato, ela cumprisse todo o seu potencial dinamizador do comércio (facilitador das trocas) e das relações humanas. Sua origem esteve sempre associada à necessidade de se determinar um valor específico para as mercadorias, uma unidade de medida do valor de todas as coisas e um modelo de referência para dinamizar as trocas.

Antes que surgisse a moeda de metal, que viabilizou as condições necessárias para o pleno cumprimento do papel desse recurso, por ser durável e pela facilidade no manuseio, diferentes culturas usavam como dinheiro ou unidade monetária diferentes produtos, tais como o sílex, conchas, grãos de cevada e sal. Este último, a propósito, é responsável pela origem da palavra salário, largamente usada até hoje. Só depois é que vieram outros produtos, como a prata e outros metais que, transformados em moedas propriamente ditas, consagraram-se como o melhor instrumento para a realização das trocas.

Pesquisas arqueológicas indicam que as moedas podem ter surgido há mais de quatro mil anos. O que é mais seguro é afirmar que surgiram no séc. 7 a.C., no reino da Lídia, a oeste da Anatólia, onde hoje fica a Turquia. Os lídios inventaram a moeda moderna, com pesos, tamanhos e valores diferentes. Cada pedaço de metal tinha um valor que correspondia a um determinado produto. Assim, o homem começou a dividir e pesar o metal quando pretendia realizar um negócio.

Posteriormente, entre 640 e 630 a.C., foi inventada a cunhagem, quando as moedas passaram a ser identificadas por imagens gravadas em relevo, como as moedas de hoje. Ao cunhar e emitir milhares de moedas, os lídios criaram uma economia muito rica e farta.

De todos os tipos de dinheiro utilizados até então, o que vingou foi a moeda. A mais famosa moeda do mundo antigo foi a cunhada em Roma, nos anos 268 a.C., e se chamava denário, termo que é a origem da palavra dinheiro. Era feita de prata e servia como base do sistema monetário do Império Romano. Ela também era fabricada no templo dedicado à deusa Juno Moneta, que deu origem às palavras "moeda" e "monetário".

UM POUCO MAIS DE HISTÓRIA

Os grandes centros comerciais e a influência dos povos comerciantes foram, no entanto, embargados pela cobrança de tributos por parte de imperadores e governantes. Nesse contexto, o Império Romano destruiu os cartagineses e outras cidades que também eram centros comerciais, submetendo todos a um comércio centralizado em Roma. Entretanto, não demorou (apenas 800 anos) para que esse fortíssimo império também caísse, em 476 d.C., e a atividade comercial se mostrasse ainda mais forte e independente de qualquer instrução ou decreto governamental. Guerras e conflitos marcaram este período em que a atividade comercial crescia, rapidamente, ameaçando quem estava no poder.

Durante a Idade Média, que começa em 476 d.C., com a queda do Império Romano do Ocidente, e vai até 29 de maio de 1453, com a queda do Império Romano do Oriente, com sede em Constantinopla, conquistado pelos turcos otomanos com a liderança do Sultão Mehmet II, o mundo passou por grandes transformações sociais, principalmente na Europa, e por uma consolidação do comércio. Reinos menores surgiram, e com eles os ducados e condados, predominando o sistema feudal de organização social. Os comerciantes e os artesãos ainda eram excluídos de qualquer vantagem ou privilégio para evitar que dominassem as riquezas do reino. A posse de terras era a riqueza maior. Porém, estes se organizaram em associações, as chamadas Corporações de Ofício, que asseguravam o transporte das mercadorias e protegiam seus membros dos abusos dos governos.

Durante os séculos 12 e 13, as sociedades mercantis estavam no auge da sua força, padronizando as operações comerciais realizadas entre países vizinhos por meio de regras e condições comuns a todas as nações, tais como leis, navegação etc., tirando o comerciante da marginalidade, conferindo-lhe conhecimento e fomentando, ainda mais, a profissionalização da área comercial com informações sobre suas atividades e as ciências necessárias à ação comercial. Antes disso, as universidades eram privilégio de nobres e religiosos e seus respectivos interesses.

Nesta época, ligas comerciais começaram a se formar. Os países baixos se uniram para desenvolver um comércio comum e organizaram as primeiras feiras comerciais da história. Os alemães, no século 12, criaram uma liga com os países escandinavos e os países baixos, entre outros, antecipando o que é hoje o Mercado Comum Europeu. Desenvolveram-se também técnicas de logística para garantir a satisfação dos consumidores em áreas distantes, que passaram a ser cada vez mais numerosos e exigentes, dada a variedade e sofisticação crescente, para a época, dos produtos comercializados e do comércio em si. Foram mais bem organizadas as tradicionais feiras concentradas nos centros das cidades menores ou espalhadas pelos bairros e periferia das grandes cidades.

Tais feiras, mais tarde, ensejariam o surgimento de lojas de comércio, dando origem a diversos formatos. Primeiro na Ásia e Europa. Depois, por toda a América, cujo descobrimento e colonização são, de certa forma, consequência do avanço otomano e da expansão comercial. Afinal, com a conquista, por parte dos turcos otomanos, de Constantinopla (antes Bizâncio e atual Istambul), o rico "Caminho para as Índias", rota de comércio mais famosa da época, não estava mais nas mãos de um reino europeu, ou seja, as riquezas do Oriente Médio e do Oriente ficaram mais distantes da Europa. Para dar vazão ao desejo de expansão comercial e conquistas, contudo, os europeus, a partir de 1453, com a queda de Constantinopla, se lançam ao mar em busca de novas rotas e conquistas territoriais e comerciais.

É o início da Idade Moderna, que vai até a Revolução Francesa, em 1789. Nesse período, os grandes descobrimentos, a circum-navegação da África, os novos contatos com hindus, chineses e árabes, bem como os descobrimentos da América do Sul, Central e do Norte, mudaram radicalmente o mundo de então. O comércio entre esses povos diminuiu as diferenças culturais e os aproximaram. Cidades-estados, como Gênova e Veneza, dominavam o cobiçado Mar Mediterrâneo, e era deles o controle sobre os produtos vindos da Ásia.

Comércio de rua em Londres, em 1895.

Assim, países como Portugal, Espanha e Inglaterra decidem encontrar outras rotas marítimas para chegar aos produtos valiosos do Oriente. É o início das grandes navegações marítimas e comerciais, que culminaram com a descoberta das Américas e a conquista de várias áreas da Ásia, expandindo, assim, a área de atuação do comércio dos países europeus, enriquecendo-os, como nunca, em toda a história.

As caravelas, voltando do novo mundo com novos produtos, eram motivo de alegrias e festas, bem como de um amplo comércio em praças públicas ou em pequenas lojas que já começavam a despontar. Daí para as grandes lojas foi um pulo, que levou uns 300 anos, aproximadamente. Em meados de 1700, cidades da Europa e das Américas já possuíam as chamadas Lojas Gerais ou Armazéns, que vendiam de tudo um pouco, como alimentos, roupas e remédios.

Com a Revolução Industrial, iniciada na Inglaterra em 1760 e indo até 1840 já no século 19, a produção em grandes quantidades de bens e a necessidade de pulverizar a distribuição fizeram surgir comerciantes varejistas mais bem estruturados e, com eles, melhores lojas especializadas.

Em 1852, em Paris, surgiu a primeira loja de departamento do mundo, a famosa Le Bon Marché, que está em operação até hoje. Os supermercados só apareceriam no início do século 20.

◇◇

SUPERESTÓRIAS

Um grupo de presidentes de importantes redes supermercadistas americanas veio para conhecer o Brasil e suas lojas, lá pelos anos 1980.

O então presidente do Pão de Açúcar, sr. Valentim dos Santos Diniz, resolveu oferecer ao grupo um jantar em sua casa.

Durante os aperitivos, aproximei-me de uma rodinha com alguns americanos. Nesse momento, alguém perguntou ao sr. Santos o que mais gostaria de ter em suas lojas que as americanas já tinham. Ele, então, saiu-se com essa:

— Seus clientes e seu poder de compra, porque o resto nós já temos.

SUPERMORAL

A verdade é que, já há muito tempo, nossas lojas não deviam nada às estrangeiras. Na ocasião, ele vislumbrou, com base nas lojas de sua rede, essa realidade tão evidente e indiscutível nos dias de hoje.

CAPÍTULO II:
OS FORMATOS PIONEIROS

Supermercado é muito mais um processo que busca a satisfação do cliente do que um processo de venda de produtos. É gente, é emoção.

Tudo aquilo que amamos precisa de um significado e, quase sempre, o encontramos quando conhecemos a sua verdadeira história. O que não tem uma história real por trás precisa, inevitavelmente, que se invente uma imaginária. Esse não é o caso do supermercado, que, mais do que uma fonte de sustento, é uma paixão para mim e para tantos, sempre quis escrever um livro que contasse a história do supermercado e transmitisse um pouco do enorme significado que eu enxergo dele.

Por isso, neste capítulo, trago uma visão geral e rica sobre a origem desse formato de varejo e o modelo de negócios de comércio e distribuição de alimentos, passando pelas criativas cabeças dos pioneiros e desbravadores que ajudaram a concebê-lo e aprimorá-lo ao longo do tempo.

Podemos dizer, sem receio de errar, que o supermercado, como o conhecemos hoje, é resultado de uma longa evolução e não de uma explosiva revolução nos sistemas e processos de comercialização de alimentos no varejo. Por isso, é difícil estabelecer um marco, embora exista, para o seu surgimento. Esse marco, é possível dizer, é o instante em que os atributos essenciais do modelo de negócio se alinharam a um só estabelecimento de varejo.

Com isso em mente, reafirmo que, mais do que inventado, o supermercado foi "inovado" seguidas vezes, a partir da utilização de um revolucionário, este sim, sistema de vendas a varejo, o "autosserviço", cujo primeiro registro data de 1912. Foi do casamento desse sistema – um dos atributos essenciais do supermercado, com aperfeiçoadas técnicas de vendas, de exposição de mercadorias e de segmentação dos produtos, além de um sistema de margens diferenciadas e outros atributos do formato – que o supermercado surgiu, oficialmente, em 1930.

O BERÇO

No início do século 19, o país recém-fundado Estados Unidos da América (EUA) já desenvolvia, em muitas regiões, um comércio criativo e multiforme. Havia, naquela época, algumas semelhanças entre o comércio de grandes centros americanos, como Boston e Chicago, e centros europeus, como Paris e Londres. Mas enquanto os países europeus estavam, em termos de varejo, mais maduros, dispondo de estratificada e organizada malha de estabelecimentos comerciais, na América, de modo geral, havia muito a fazer.

A marcha para o Oeste estava em pleno curso e ensejava o surgimento de inúmeros povoados e entrepostos comerciais, que faziam emergir um tipo de loja que procurava vender um pouco de tudo para a pequena população dessas cidades que se formavam. Estou falando da famosa *general store*, "loja geral", cenário obrigatório e marcante dos filmes do Velho Oeste, os nostálgicos bangue-bangues.

As *general stores* eram, praticamente, as únicas fontes de abastecimento desses pequenos povoados que se formavam ao longo das estradas, traçadas pela marcha. Na loja, era possível encontrar desde alimentos e implementos agrícolas até revólveres, balas, vestidos, guloseimas, chapéus e roupas. Ainda assim, tratava-se de um sortimento e variedade bem limitados, mesmo para as parcas exigências dos migrantes. Produtos requintados ou especiais só eram acessíveis por encomenda ou pelo deslocamento a centros mais desenvolvidos.

Porém, os povoados foram crescendo, dia a dia, e se transformando em cidades com novas e sofisticadas necessidades. O comércio foi obrigado a se adaptar às mudanças e, rapidamente, especializou-se e se segmentou. Surgiu, então, a *grocery store*, também chamada de *groceries* ou *dry goods,* um formato de loja ainda pequeno, dedicado exclusivamente à venda de alimentos. Semelhante à mercearia ou armazém, que ainda hoje existe no Brasil e em outros países, era uma loja de 30 m² a 80 m², que vendia produtos a granel. Satisfazia a demanda por alimentos da comunidade local e se caracterizava pelo atendimento em balcão: o cliente pedia o que desejava de um lado do balcão e o comerciante o atendia do outro lado. O uso da caderneta já era bastante comum.

O tempo passa e o ambiente urbano se desenvolve. Os povoados viram cidades que crescem, desenvolvendo e depurando, ainda mais, as necessidades de consumo da população. Por consequência, esse movimento torna o "terreno mais fértil" para o surgimento de novos comércios. É preciso mais itens e maior variedade por parte do comerciante, mais conhecimento sobre

Primeira groceteria Loblaw 1919.

os produtos vendidos e mais especialização. Ganham vida, então, as lojas especializadas em roupas e acessórios, armas, munições e itens agrícolas, entre outros.

Mercearia Sainsbury em 1906.

DAS REVOLUÇÕES

Como pano de fundo desse processo de desenvolvimento do comércio urbano pelo território norte-americano, avançava, cada vez a passos mais largos, a Revolução Industrial, cujo deflagrar datava de meados do século 18, do outro lado do Atlântico, na Inglaterra. Se a Revolução Industrial mudaria a história da humanidade, o que dirá a história do varejo.

Em grande medida, as transformações vividas pelo comércio nos Estados Unidos, além de respeitar variáveis locais, começavam a ser influenciadas pelo uso de teares mecânicos e pelo aprimoramento de máquinas a vapor, como germe de técnicas de produção avançadas que já resultavam na aceleração da fabricação de diversos artigos, turbinando, de forma considerável, a atividade comercial no mundo, mas, principalmente, na Inglaterra, na Europa e nas regiões sob forte influência inglesa.

As condições necessárias para a criação de um mercado de consumo mais consistente, por meio do desenvolvimento urbano, estavam fundadas e, também por isso, as cidades passavam a crescer, evidenciando as diferentes necessidades da população. Isso estimulou as indústrias a produzir bens mais específicos e o surgimento de diversos tipos e formatos de lojas, capazes de atender e disputar o consumidor, estabelecendo um novo ciclo em que o comércio passa a exercer as funções de equalizador e distribuidor de bens de consumo.

Em síntese, tudo estava pronto para que as grandes novidades e transformações do varejo pudessem acontecer, entre elas, o surgimento do autosserviço.

OS PIONEIROS DO AUTOSSERVIÇO

Os primeiros formatos disruptivos de varejo a surgir, já no século 20, tanto na Europa, quanto nos grandes centros norte-americanos, trazem, em sua maioria, uma característica fundamental: o sistema de autosserviço, por meio do qual os clientes dos estabelecimentos escolhiam as mercadorias que quisessem e se dirigiam à frente da loja. Nesse ponto, ficavam os *checkouts*, onde funcionários operavam caixas registradoras, dispostas em móveis especiais, registrando itens e recebendo os pagamentos dos consumidores.

Hoje, o uso do termo disruptivo, tão em voga por causa das transformações impostas pela Revolução Digital, parece exagerado ao fazer referência ao sistema de autosserviço, mas o fim dos balcões de atendimento, dos vendedores e das famosas cadernetas, com o predomínio das vendas à vista e a queda significativa das entregas em domicílio, significou, sem dúvida, uma revolução operacional e econômica para a época.

O sistema de autosserviço, ao criar o *cash & carry* ("pague e leve") e colocar o consumidor em contato direto com as mercadorias, tirando do caminho balcão e funcionários, proporcionou redução significativa dos custos ao empresário. Ao mesmo tempo, permitiu ao consumidor comandar o processo de escolha no ato da compra, fato que, querendo ou não, para a maioria das pessoas, funciona como uma espécie de carta de alforria.

O fato é que, estabelecendo ligação com a contemporaneidade, o efeito trazido pelo novo sistema de vendas é muito parecido com o que a *internet* e suas infindáveis ferramentas têm nos proporcionado hoje em dia. Como no caso da *internet* e do universo que se criou a partir dela, o autosserviço foi nascendo e crescendo paulatinamente, o que permite traçar uma linha histórica de tentativas de disrupção no varejo a partir de meados do século 19 até que, em 1912, chegou ao autosserviço.

Parece não haver dúvida de que toda invenção é fruto de um objetivo e de uma motivação. No varejo, o objetivo era facilitar e aumentar a satisfação do cliente, incidindo em todas as variáveis que a influenciavam e ainda a influenciam, como preço, qualidade, conveniência etc. Isso tudo com a conciliação de uma permanente missão para o varejo: reduzir o custo da operação para gerar mais lucro.

O quadro abaixo procura sintetizar a trajetória de evolução do varejo mundial a partir do surgimento de novos e inovadores formatos durante a segunda metade do século 19, até o início do século 20, com o surgimento do conceito de autosserviço, antes mesmo do surgimento do supermercado.

Formatos de varejo	Varejista	Ano	Local
Loja de departamentos	Le Bon Marché	1852	França Rue de Sèvres, 24, Paris
Lojas em cadeia	Atlantic & Pacific	1859	EUA Versey St., NY
Pedidos pelo correio	Montgomery Ward Sears Roebuck	1872 1886	EUA
Autosserviço	Atlantic & Pacific	1912	EUA Jersey City
Autosserviço de mercearia	Piggly Wiggly	1916	EUA Memphis – TN

Os novos formatos de loja, que surgiram a partir do autosserviço de 1912 e 1916, como os supermercados, as lojas de departamentos em autosserviço ou autosseleção, entre tantos outros, estão contemplados nos capítulos posteriores.

O CAMINHO DOS PIONEIROS

É possível estabelecer uma linha do tempo, destacando algumas empresas que foram, a partir de 1848, capazes de criar condições evolutivas, tendo o sistema de autosserviço como elemento essencial para o surgimento do mais completo formato de venda de alimentos ao consumidor final da história: o supermercado.

Uhler

Em 1848, Michael Uhler, dono de uma *general store* em Allentown, Pensilvânia, nos Estados Unidos, passa a vender exclusivamente à vista. Como contrapartida, garante preços sempre inferiores aos dos seus concorrentes. Foi também a primeira tentativa de acabar com a caderneta nas mercearias.

Le Bon Marché

Do outro lado do Atlântico, em 1852, na Cidade Luz, Paris, mais precisamente na Rue de Sèvre, nº 24, nasce o Le Bon Marché, primeira loja de departamentos do mundo, que funciona até hoje no mesmo endereço e se configura, além de ponto de venda, como uma atração turística da cidade por sua arquitetura, seus vitrais, sua história e sua refinada decoração. Foi pioneira na técnica de agrupar produtos em categorias e seções. Hoje, um de seus departamentos é um supermercado de excelente qualidade, considerado um dos melhores de Paris.

Ward e Roebuck

Com um vasto território a explorar, a ideia de vender por catálogo e entregar pelo correio foi o caminho encontrado pelas lojas de departamentos americanas Montgomery Ward e Sears Roebuck para poder servir a todo o território nacional. Abriam um pequeno posto, nas pequenas cidades do interior do país, para expor seu catálogo de produtos e receber os pedidos, que eram encaminhados a uma central de vendas. Em alguns casos, esse catálogo era processado e trabalhado por alguma loja das cidades.

Atlantic & Pacific

Em 1859, por uma busca de especialização no varejo e após o enfraquecimento das *general stores* como vendedoras de alimentos, surge nos Estados Unidos as "lojas em cadeia", ou mercearias em cadeia. George Hartford, da A&P, resolve comprar chá, um importante produto à época, diretamente "dos navios", eliminando os intermediários e, com isso, vendendo a iguaria a preço bem inferior ao do mercado. Assim, em 1859, a A&P abre sua primeira loja em Versey Street, em Manhattan, Nova York. Várias lojas se sucederam nas cidades vizinhas, vendendo, além de chá, café e especiarias. A companhia muda, então, o nome para The Great Atlantic & Pacific Tea Company. Em 1878, já era a maior rede de varejo do país. Em 1900, já operava 200 unidades.

A rede vendedora de chá, café e afins, A&P, como era conhecida, foi também a pioneira ao introduzir, em 1912, o autosserviço nas suas lojas. Na ocasião, John Hartford, filho de George Hartford, um dos sócios da Atlantic & Pacific, convence seu pai e seu tio, o outro dono, a abrir a primeira loja cash & carry, utilizando, em parte, a técnica do autosserviço. Em seis meses, seus concorrentes já sentiam a força do novo sistema de vendas.

O fato é que, além de reduzir custos e contribuir para diminuir os preços, o autosserviço também permite que os produtos sejam distinguidos entre si pelas marcas de seus fabricantes, e passa a ser uma escolha livre do consumidor. A imagem do fabricante e as embalagens assumem papel muito mais relevante no varejo. Trabalhando dessa forma, em 1915, a A&P já operava cerca de 1.600 lojas no formato de autosserviço, crescendo para 13.966, em 1925. Foi a maior rede do mundo em 1930, com cerca de 16 mil lojas, muitas delas em autosserviço e outras ainda com balcão de atendimento, somando US$ 1,1 bilhão em vendas anuais.

Humpty e Alpha Beta

Várias lojas, durante o ano de 1912, adotam o autosserviço na Nova Inglaterra (EUA) e no sudoeste americano. Entre elas, a Humpty Dumpty, a Alpha Beta Food Markets, da Califórnia, e a mais criativa delas, a Piggly Wiggly, do Tennessee.

Piggly Wiggly

Em 1916, Clarence Saunders abriu, em Memphis, no Tennessee, a primeira loja Piggly Wiggly, com autosserviço na mercearia e nas seções de carnes, frutas e verduras. Ele também introduz a "borboleta" na entrada da loja, passa a usar um *checkout* na saída e, com a combinação de outros elementos que, mais tarde, se tornariam atributos essenciais dos supermercados, fica conhecido como o pai do autosserviço.

Piggly Wiggly em Memphis 1916.

Em sua loja, que vendia apenas à vista, o freguês usava um cesto para se servir. A loja operava 605 itens, com venda média, por cliente, de US$ 0,9.

Em 1920, a rede já somava 404 unidades com vendas anuais de US$ 60 milhões. A essa altura, embora não predominasse, o autosserviço já era uma realidade nos Estados Unidos.

Davis
Em 1916, Franklin P. Davis, em Houston, Texas, criou uma loja semelhante à Piggly Wiggly, com borboleta, *checkout*, autosserviço e cestinha para os clientes usarem em suas compras. Era quase um supermercado, operando mercearia, carnes, frutas e verduras.

Joe Weingarten
Neste mesmo ano, o autosserviço se consolidou na cidade de Houston, Texas, quando Joe Weingarten abriu loja semelhante ao pioneiro Piggly Wiggly. Mas, segundo M. Zimmerman, em sua obra *The Supermarket: a Revolucion in Distribution*, ele foi um pouco além, sendo, provavelmente, o pioneiro na disponibilização de carrinhos de compra aos clientes, além de ter criado um inovador *layout* para a seção de carnes.

Farrel
Em 1919, em Vancouver, no Canadá, T.J. Farrel começa a operar em autosserviço a seção de alimentos de sua loja de departamentos Woodward Stores.

Ralph's
Em 1926, a rede de mercearias tradicionais Ralph's, de Los Angeles, foi adaptando suas lojas ao autosserviço. Dois anos depois, não faziam mais entregas.

Nacional Grocery Co.
Em 1928, em Detroit, a Nacional Grocery Co. abre lojas bem semelhantes à idealizada por Clarence Saunders, da Piggly Wiggly. A aceitação do autosserviço na cidade, contudo, não é boa a princípio. Para reverter o quadro, a rede passa a lançar mão de ideias igualmente inovadoras, ainda mais combinadas ao novo sistema. Estamos falando da realização de propagandas de preços baixos e exposição de produtos em massa. As ações são muito bem-sucedidas.

A seguir, cito alguns dos pioneiros de outros países que também transformaram suas mercearias, utilizando o autosserviço e ficando a meio caminho de transformá-las, mais tarde, em supermercados.

Loblaws

Esta era a mais importante rede canadense de mercearias. Iniciou suas atividades em 1919 com uma mercearia tradicional. Em 1928, já operava 69 groceterias, que é como chamavam suas mercearias.

Sainsbury

Em 1869, a companhia inglesa Sainsbury abre sua primeira mercearia em Londres, no nº 173 da Drury Lane. Em 1928, já operava uma rede de mercearias com 128 lojas. Só em 1950 introduz o autosserviço em uma loja, em Croydon, quando já estava operando 244 mercearias tradicionais.

Tesco

Outro pioneiro do Reino Unido inaugurou seu primeiro autosserviço em 1951, na cidade de Saint Albans, ao norte de Londres.

Casino

Esta rede francesa, hoje espalhada pelo mundo e pelo Brasil, operava, já em 1914, um total de 450 mercearias, sendo 195 como franquias, que na época chamavam de concessões.

Vale ponderar que os exemplos dados até aqui eram exceções para o varejo da época. Durante os anos 1920, agora no Brasil, segundo Meyer Stilman, em tese acadêmica para a Universidade de São Paulo (USP) intitulada "O comércio varejista e os supermercados na cidade de São Paulo", o varejo de alimentos era quase que, integralmente, constituído de lojas com uma só linha ou, mesmo, apenas parte de uma linha de produtos alimentares, como laticínios, mercearia ou carnes. Porém, já tivera início o movimento no sentido das "lojas combinadas", estabelecimentos que ofereciam produtos de mercearia e carnes, por exemplo. Ainda assim, a especialização predominava.

A evolução do varejo, contudo, fazia com que as lojas se aproximassem, cada vez mais, do modelo que seria responsável por mitigar os contratempos da crise econômica que estava prestes a estourar nos EUA e se espalhar pelo mundo.

MOMENTO PROPÍCIO

Com base na síntese da evolução das técnicas de varejo anteriormente listadas, que se deu, efetivamente, por quase um século, como se pôde ler, é possível supor, com facilidade, que o produto final não poderia ser outro, senão o supermercado. Faltavam apenas alguns conceitos básicos que ainda não tinham sido articulados: margens diferenciadas por produtos, conceitos específicos de departamentalização conforme a natureza das cestas de categorias e outros conceitos que seriam desenvolvidos com o passar do tempo, além da adoção de *layouts* mais racionais. Tudo com o propósito de estimular a compra e facilitar a circulação do consumidor pela loja.

Com esse olhar retrospectivo, não há dúvida, era hora de surgir um novo modelo de negócio varejista, um novo formato de loja. Chegamos, então, a 1930, o momento do surgimento do primeiro e verdadeiro supermercado. Com preços mais baixos que o das mercearias, mais variedade e volume de produtos, o formato, como veremos nos próximos capítulos, encontra terreno fértil para proliferar-se na economia norte-americana, devastada pela Grande Depressão, deflagrada um ano antes, com a quebra da Bolsa de Nova York.

O nascimento do Supermercado em 1930.

―――

SUPERESTÓRIAS

Há alguns anos, fui a Belo Horizonte (MG) para proferir uma palestra na convenção organizada pela Associação Mineira de Supermercados (Amis). Entre meus amigos mineiros, a família Nogueira é, sem dúvida, uma das mais próximas, simpáticas e divertidas. Nunca me esqueço de uma seção de piadas com o saudoso Gil Nogueira e sua mulher, Antônia, exímios contadores de anedotas. Lá pelas tantas, o Gil se saiu com essa preciosidade:

"Em uma de nossas lojas, dois clientes fazendo compras bateram seus carrinhos, e um deles, irritado, disse:

— Como é? Não presta atenção por onde anda?

O outro, todo polido, respondeu:

— Desculpe. É que perdi minha mulher.

— *Ah! Eu também estou procurando a minha.*
— *E como ela é?*
— *É bem alta, cabelos longos, loiros e está com um short azul bem curtinho.*
— *E a sua mulher? Como é?*
— *Esqueça a minha mulher. Vamos procurar a sua!"*

SUPERMORAL
O supermercado do vizinho (concorrente) está sempre melhor do que o nosso. Falar bem do concorrente é a forma que muitos gestores encontram para cobrar mais ação e atenção dos seus funcionários. Se o concorrente está melhor (é o caso da loira), é porque nós estamos piores. É esse o recado dado pelos gestores, que buscam uma permanente atenção de toda a organização da loja.

CAPÍTULO III:
DA MERCEARIA AOS PRIMEIROS SUPERMERCADOS

Os clientes não querem só comprar produtos, querem viver uma experiência agradável.

Foi nos idos de 1930, ano seguinte à eclosão da maior crise econômica da história dos Estados Unidos e do mundo, quando os dramas da catástrofe social podiam ser sentidos de forma impiedosa no estômago, principalmente dos norte-americanos, que Michael Cullen, um descendente de irlandeses nascido em 1884, um pouco por necessidade e muito por convicção, decidiu abrir aquele que entraria para a história como sendo o primeiro supermercado do mundo. O visionário fazia valer a máxima de que momentos de crise trazem no ventre oportunidades únicas.

Cullen era gerente de uma das filiais da Kroger Grocery & Banking Co., em Herrin, no estado de Illinois. Teve prévia experiência de varejo por ter trabalhado por 17 anos na rede de mercearias Atlantic & Pacific. Elas eram as duas maiores redes de mercearias do país. A sua atual empresa, onde estava trabalhando há 11 anos, já operava, naquela época, mais de cinco mil pontos de venda nos Estados Unidos.

A exemplo de todo o varejo norte-americano àquela altura, a Kroger, como era conhecida, sofria na última linha de seu balanço o que a população sofria no bolso. Muitas das lojas dessas grandes redes eram *grocery stores*, também conhecidas como groceterias em países como o Canadá, estabelecimentos que vendiam alimentos e operavam de forma que o consumidor pegasse as mercadorias das gôndolas e as pagasse num caixa ao sair da loja, sem assistência de vendedores. Ou seja, um autosserviço, mas ainda não um supermercado.

Durante os anos 1920, essas redes cresceram muito na América do Norte. Em 1914, havia cerca de 500 redes operando 8 mil lojas de alimentação. Em 1930, já eram 995 companhias, que operavam 62.725 lojas e vendiam US$ 2,8 bilhões. Veja que, além dessas lojas, já havia mais 285.641 lojas independentes (não pertencentes a nenhuma rede).

Lojas de alimentação em 1930:

	Independentes	Cadeias
Número de lojas	285.641	62.725
Volume anual de vendas (milhões US$)	4.964,4	2.885,3
Venda mensal por loja (US$)	1.448	3.833

Fonte: M. M. Zimmerman, 1955, p. 2.

O quadro acima compara as vendas e o número de lojas dos independentes e das cadeias em 1930 e faz uma ótima fotografia do momento e do cenário americano para o surgimento do supermercado.

O quadro a seguir mostra quais eram as principais redes de mercearias do país em 1930, a maioria usando a técnica do autosserviço. Para se ter uma ideia da aceleração da expansão deste formato, a maior delas, a rede A&P, entre 1914 e 1919, saltou de 650 lojas para 4.224. Pouco tempo depois, em 1923, já havia dobrado esse número.

Principais redes de mercearias existentes em 1930 (EUA)

	Nº de lojas	Vendas ano US$ milhões
Atlantic & Pacific	15.737	1.065
Kroger	5.165	267
Safeway	2.691	219
American Store	2.728	143
Grand Vision	709	38
Jewel	1.280	15

Fonte: M. M. Zimmerman, 1955, p. 4, e Lebhar, 1952.

Esse grande número de mercearias em redes e em autosserviço foi acabando com as conhecidas, simpáticas e pequenas lojas chamadas *Mom-and-Pops*, que eram operadas por uma família e resistiam ao uso do autosserviço, apostando no bom atendimento familiar.

COMO TUDO COMEÇOU

Nesse cenário de crise e inovações espalhadas, feito folhas soltas, aqui e ali, Cullen percebe ser possível consolidar todas as novas ideias, desenvolvidas por muitos comerciantes, num só modelo de varejo que, conforme ele vislumbrava, seria uma excelente oportunidade para revigorar as vendas e a rentabilidade da companhia em que trabalhava. Vislumbrou como deveria ser um comércio moderno. Resolveu expor suas ideias ao presidente e CEO da empresa Kroger, William H. Albers. Escreveu-lhe, então, uma carta com todas as suas propostas:

"Não temos necessidade de continuar com nossos pequenos armazéns tradicionais, antiquados e totalmente ultrapassados. Vamos aderir ao movimento que já se iniciou, pois o cash and carry é uma experiência vitoriosa. Precisamos eliminar os serviços, entregas em domicílio e pedidos por telefone.

Vamos só vender à vista. Em troca, e para aumentarmos nossas vendas, instalemos Supermercados.

Devemos implantar essas lojas afastadas dos centros, em locais de baixo aluguel e grandes em espaço físico. Devem ter, no mínimo, 40 pés de largura por 130 a 160 de profundidade (cerca de 700 m²). Não podemos esquecer que devem ter amplo estacionamento.

20% das vendas devem ser operadas a serviço e 80% em autosserviço.

O investimento total da loja será de 30.000 dólares, incluindo 23.000 dólares de estoque. Confio tanto nessa ideia que, para provar, tenho a intenção de, eu mesmo, investir 15.000 dólares.

Vamos vender a varejo pelo preço de atacado. Enquanto as lojas atuais têm, em média, 50 m² e vendem de 500 a 800 dólares por semana, as nossas venderão 8.500 dólares na mercearia, 2.500 dólares na seção de carnes e 1.500 dólares em frutas e verduras, totalizando 12.500 dólares por semana.

Para tal, vendamos 300 produtos ao preço de custo, 200 produtos com uma margem de 5% sobre o custo, 300 com uma margem de 15% e os produtos restantes com 20% a 25% de margem sobre o custo.

Nossos concorrentes continuarão a aplicar a todos os produtos margens de 25% a 30%, ganhando mais por unidade, porém, nosso lucro será muito maior, pois venderemos muito mais. As chaves do sucesso serão duas: redução dos custos fixos e maior rotação dos estoques.

    Antes de jogar esta carta no cesto de lixo, leia-a novamente e depois me ligue e me convide para ir a Cincinnati para que eu possa lhe contar mais sobre este plano e o que ele fará para você e sua empresa."

    Em resposta à carta, Cullen foi demitido.
    Alguns historiadores dizem que a carta nunca chegou a Albers. Outros dizem que foi endereçada a um vice-presidente, e não a Albers.
    Endereçada ao presidente ou ao vice-presidente, extraviada ou não, a única certeza que se tem é da demissão de Cullen. Assim, se a Kroger não colocaria em prática as suas ideias, ele próprio resolveu concretizá-las. Não se acovardando, decidiu aplicar o seu projeto em uma empresa que ele próprio criaria.
    Cullen, então, mudou-se com a família para Long Island, no estado de Nova York, alugou uma garagem vaga na esquina da 171th Street com a Jamaica Avenue e em 4 de agosto de 1930 nascia o primeiro e verdadeiro supermercado da história, sob a razão social King Kullen Grocery Co.
    A primeira unidade supermercadista, que trazia na fachada a inscrição King Kullen, tinha como diferença primordial a utilização do autosserviço, bem como todos os elementos que se tornariam obrigatórios para caracterizar os supermercados, como as seções de mercearia, carnes, FLV (frutas, legumes e verduras) e lacticínios, além de uma ampla linha de produtos, que na época eram cerca de 1.100 itens à venda. O mesmo se dava com outros aspectos citados na carta: venda em massa, alta rotação, preços reduzidos e margens baixas e diferenciadas entre as várias categorias de produtos. A chave do sucesso estava na combinação de todos esses elementos.

Mas havia algo a mais que caracterizava o formato de loja: não mais recebiam pedidos por telefone, não faziam entregas e as vendas eram somente à vista, sem uso de cadernetas. Com isso conseguiam, realmente, baixar seus custos operacionais.

Como é possível observar, a grande revolução no varejo foi o surgimento do autosserviço, que hoje é usado em quase todos os ramos de negócios varejistas e até atacadistas. O supermercado, na verdade, foi uma grande e lenta evolução do varejo alimentar, que culminou, em 1930, com a primeira loja considerada como supermercado: a King Kullen Supermarket.

Este é um resumo de tudo que diferenciava e caracterizava o novo formato de loja:

- Utilização do autosserviço;
- Grande área de vendas para a época (700 m^2);
- Amplo estacionamento;
- 20% das vendas a serviço e 80% em autosserviço;
- Vender barato a preços de atacado da época;
- Margens diferenciadas por produto e departamentos;
- Baixo custo operacional e fixo;
- Venda em massa com alta rotação dos produtos;
- Local afastado do centro com baixo aluguel;
- Sem pedidos por telefone;
- Vendas só à vista;
- Sem entregas em domicílio.

Essas características permanecem vivas até hoje, com exceção das quatro últimas, flexibilizadas com o passar do tempo.

O fato é que, de cara, a loja foi um sucesso de venda. Cinco anos depois, Cullen já tinha aberto mais 15 lojas. Poderia ter crescido muito mais, porém, veio a falecer no ano seguinte. Nessa época, havia cerca de 1.200 supermercados em solo norte-americano, espalhados por 32 estados e vendendo cerca de US$ 500 milhões. Essa fase de implementação do formato foi rápida, com inúmeras lojas surgindo em prédios de fábricas e armazéns fechados e abandonados, vítimas da forte depressão econômica. E foi ela, acrescida do interesse político de acabar com o oligopólio das grandes redes de mercearia, que influiu no sucesso do novo formato.

A partir de 1936, começa a fase de consolidação e de maior expansão dos supermercados nos Estados Unidos. As pequenas e antiquadas mercearias foram desaparecendo e as grandes redes de mercearias, como as mostradas no quadro anterior, foram se transformando em redes de supermercados. Em 1937, já existiam 3.066 lojas com vendas ao redor de US$ 800 milhões.

Durante a Segunda Guerra Mundial, mais precisamente em 1941, os americanos já eram servidos por 8.175 supermercados, em 48 estados. As vendas anuais das lojas neste modelo somavam US$ 2,5 bilhões.

Número de supermercados americanos e suas vendas (de 1932 a 1941):

Ano	Nº de lojas	Nº de estados	Vendas anuais (US$ milhões)
1932	300	Pacific Coast and Southwest	150
1936	1.200	32	500
1937	3.066	47	800
1938	3.700	47	1.000
1939	4.982	48	1.500
1940	6.175	48	2.000
1941	8.175	48	2.500

Fonte: M. M. Zimmerman.

Para se ter ideia da potência que era o negócio de varejo alimentício no país, em 1930, segundo dados do US Departament of Commerce, censo de 1933, havia em operação 348.360 mercearias a serviço e em autosserviço, sendo que 62.725 pertenciam a cadeias nacionais e regionais, com uma venda anual de US$ 7,8 bilhões de dólares. Desempenho respeitável para o momento histórico, mas irrisório se comparado ao ano 2000, por exemplo, quando todas as 127.980 lojas de alimentação, segundo a revista *Progressive Grocer*, venderam US$ 494 bilhões.

Só os supermercados, à época, já somavam 31.830 lojas, com US$ 385 bilhões de vendas no ano. Se comparado com um recente 2018, já havia 264.570 lojas de alimentação de diversos formatos vendendo mais de US$ 1,3 trilhão, sendo que, deste total, 38.307 lojas eram supermercados, com vendas de US$ 701 bilhões.

Não é nenhum exagero dizer que, em 1930, tais cifras jamais seriam projetadas, mesmo tendo como horizonte uma planície de quase um século. Porém, o cenário de miséria que cercava os varejistas da época e a existência de numerosas redes de mercearias, já operando em cadeia e várias usando o autosserviço de uma forma bastante profissional, ensejaram o nascimento e o desenvolvimento dos supermercados, que se revelaram a resposta comercial mais eficiente para enfrentar a grande depressão. Sem dúvida, um dos avanços mais importantes da história do varejo mundial, que ajudaria a nação americana a sair de seu momento econômico mais complicado. Assim, enquanto Michael Cullen progredia em Long Island, inúmeros outros pioneiros surgiram.

Big Bear

Surgiu da união entre Robert Otis e Roy Dawso. Transformaram um prédio vazio que era usado para montagem de carros em Elizabeth, Nova Jersey, em um supermercado vendendo tanto alimentos, quanto não alimentos. Foi inaugurado em 1932 e era grande para esse pioneirismo, utilizando 4.500 metros quadrados de área para sua operação. Chamava-se Big Bear e seu *slogan* era "*The Price Crusher*" (o triturador de preços), pois seu foco em preços era total.

A&P

Durante os primeiros anos da década de 1930, essa principal rede de mercearias, com mais de 15 mil lojas no país, entrou no mundo supermercadista pela Califórnia e se transformou numa das mais importantes do ramo. Em 1937, já era a rede número um do país, com vendas de US$ 880 milhões e um lucro líquido de US$ 9 milhões, representando 1,03% de suas vendas.

Ralph's Grocery
Esta é outra pioneira e inovadora rede, que em 1936 já operava 25 supermercados e havia desenvolvido uma arquitetura apropriada e arrojada para a época.

Assim, as grandes redes americanas de supermercados foram se formando nos primeiros anos e muitas delas continuam a operar ainda hoje. As mais conhecidas são: Kroger, Safeway, A&P, American Stores, Ralph's e Acme, entre outras.

DOS ESTADOS UNIDOS PARA O MUNDO
O formato, baseado em custo operacional e preços baixos, não demoraria a ganhar o mundo. A rápida internacionalização teria a mesma razão da célere expansão americana: a crise. O mundo despertou para o supermercado após os horrores da Segunda Guerra Mundial e por causa da pobreza que ela deixou de herança, principalmente no continente europeu.

Havia fatores adversos, como reduzido número de automóveis e uma grande dificuldade na aquisição de equipamentos. Mas as mazelas deixadas de herança pela guerra no velho continente fizeram com que os europeus enxergassem no modelo supermercadista o remédio para a carestia que enfrentavam como rescaldo do confronto internacional.

Com forte ênfase em alimentos, os supermercados europeus se desenvolveram numa primeira fase na Suécia, Suíça, França, Bélgica, Holanda e Inglaterra. Os pioneiros foram empresas como Paridoc (França), Priba (Bélgica), Migros (Suíça), Okonsum (Suécia) e Sainsbury's (Inglaterra).

Conheça, agora, alguns outros supermercados pioneiros que surgiram nesta época.

Loblaw
No Canadá, já em 1933, a rede Loblaw de groceterias em autosserviço começa a operar supermercados introduzindo nos seus autosserviços as seções de carnes, laticínios e frutas e verduras. Em 1936, simplifica a bandeira das lojas só usando Loblaw's.

Tesco
Em St. Albans, ao norte de Londres, a Tesco, hoje a maior rede do Reino Unido, abriu em 1951 a primeira loja de autosserviço da Inglaterra. Seu primeiro supermercado surgiu em 1956, em Maldon, a leste da capital, 26 anos após seu surgimento nos Estados Unidos.

Sainsbury's
Começou a operar com o autosserviço um pouco antes do seu tradicional concorrente, a Tesco, em junho de 1950, em sua loja na London Road, em Croydon, ao sul de Londres. Hoje, é a segunda maior rede do Reino Unido. Em 1960, já operava 256 lojas, sendo sete delas supermercados. Em 1970, cem unidades já eram supermercados.

Carrefour
Na destruída França, foi necessário um pouco mais de tempo. A primeira loja de supermercado foi inaugurada pelo Carrefour, em Parmelan, em 1960, e seu primeiro hipermercado, com 2.500 m² de área de vendas, 18 *checkouts* e 450 vagas de estacionamento, surgiu em 1963 em Sainte-Geneviève-des-Bois, uma pequena cidade ao sul de Paris, com 18 mil habitantes na época.

Casino
O grande operador francês atual, no início da Segunda Guerra, em 1939, já operava 1.670 lojas, entre mercearias e superetes (minissupermercados), sendo um grande número delas pelo sistema de concessões (espécie de franquia) às famílias que, assim, tornavam-se responsáveis pela operação das unidades. Só em 1948, após a guerra, a empresa adere ao autosserviço, transformando sua histórica loja de Saint-Étienne. O sucesso foi tanto que planejaram, imediatamente, a reforma de outras 500 lojas. Seu primeiro supermercado só veio em 18 de maio de 1960, no Boulevard Joseph Vallier, na cidade de Grenoble.

Fatores como o tradicionalismo europeu, o já dito número reduzido de automóveis, a dificuldade na obtenção ou na fabricação de equipamentos, entre outros desafios, dificultaram o desenvolvimento dos supermercados no velho continente. Porém, não o impediram. As características das cidades europeias trouxeram, no começo, lojas menores e localizadas nas áreas centrais das cidades. O velho continente só não é mais próspero em supermercados, hoje, do que os norte-americanos.

O fato é que, atualmente, o formato é uma realidade consolidada em quase todos os países do mundo, respondendo, na maioria das vezes, pela maior fatia de vendas do varejo, e não apenas o alimentar. Estima-se que, em 1955, o formato já era operado em 52 países.

Foi no início da década de 1950 que os supermercados chegaram ao Brasil, e é sobre esse tema de que trataremos a partir do próximo capítulo.

SUPERESTÓRIAS
Passei boa parte do primeiro semestre de 1978 envolvido na reorganização da nossa empresa em Portugal, após sua devolução pelo regime socialista comunista até então no poder. Cheguei a Lisboa nos primeiros dias daquele ano em companhia de outros três profissionais para me ajudarem na empreitada, o Daniel Costa, o Takeshi, e o Luiz Ratto.

Ao final da minha primeira semana na cidade, fui despedir-me do então presidente da empresa, o Manuel C. Teixeira de Abreu, e desejar-lhe um bom fim de semana. Falei um pouco dos meus primeiros dias de trabalho e ele resolveu dar-me algumas sugestões sobre o que fazer no fim de semana na capital portuguesa.

Posto isso, disse, sem rodeios: "Ascar, vou deixar com você o número de telefone da minha casa. Qualquer problema, não hesite em me telefonar. Por qualquer motivo, não deixe de me ligar". Em seguida, com um sorriso maroto, concluiu: "Não se preocupe. Você não vai me incomodar, até porque nunca passo meus finais de semana em Lisboa".

SUPERMORAL
Pois é, e nós é que fazemos piada de português.

CAPÍTULO IV:
A GÊNESE DOS SUPERMERCADOS NO BRASIL - PIONEIROS

Você só terá 100% de satisfação do seu cliente quando tiver 100% de satisfação dos seus funcionários.

Já não é novidade, para você leitor, que a técnica do autosserviço foi a grande revolução no varejo alimentício e não alimentício, enquanto o surgimento do supermercado foi tanto uma revolução quanto, e principalmente, um processo evolutivo.

Concebido, criado e crescido nos Estados Unidos, como vimos, o bem-sucedido formato não demorou a "ganhar o mundo", aportando em outros rincões do planeta. Um de seus destinos, naturalmente, seria o nosso Brasil, aonde chegou, como veremos, em 1953.

Na ocasião, seu impacto disruptivo seria intenso também por aqui. Afinal, ao chegar, em razão da baixa industrialização do país e por ter uma população com necessidades pouco desenvolvidas, a variedade e o sortimento ofertado pelas lojas eram reduzidos. As feiras e os mercados municipais eram os grandes vendedores em massa, oferecendo ampla variedade de produtos em um só local.

Antes da chegada dos supermercados e, até mesmo, do autosserviço, o Brasil pôde, ainda, experimentar o surgimento das lojas combinadas, que agrupavam, à sua especialidade, outras linhas de produtos. A tendência era que isso se desenvolvesse e, para esse propósito, o autosserviço caía como uma luva.

Assim, ao longo do tempo, o autosserviço se disseminaria no Brasil, consagrando, também por aqui, e com tremendo êxito, sua capacidade de estabelecer relação direta entre clientes e mercadorias, não apenas para o varejo de alimentos, mas também para outros varejos. Açougues, laticínios, padarias, lojas de frutas e verduras, pequenas mercearias, drogarias, lojas de material de construção, entre tantas outras, como é possível constatar hoje em dia, usariam e usam o autosserviço.

O AUTOSSERVIÇO NO BRASIL

Não estou aqui para revelar a minha idade, mas não é exagero dizer que acompanhei o surgimento, pelo menos os primeiros passos, do autosserviço e dos supermercados no Brasil. É verdade, também, que os supermercados me viram nascer profissionalmente. Despertei para o trabalho nesse setor e nele sigo trabalhando. Pode-se dizer que, aí, vão-se bons bocados de anos.

Por estar inserido nesse universo há muitos anos, eu passei por uma incrível coincidência: a oportunidade de conhecer a primeira loja de autosserviço do Brasil. Veja bem, de autosserviço, não o primeiro supermercado, que viria depois.

Na rua Araújo, no número 154, quase esquina com a rua Major Sertório, em São Paulo, havia um clube de xadrez, o Clube de Xadrez de São Paulo (CXSP), que eu costumava frequentar. Estudava bem ao lado, no tradicional Colégio Caetano de Campos. Esse clube foi fundado em 1902 e existe até hoje nesse mesmo local.

Guardo, de forma bem clara, a lembrança de estar jogando xadrez, sentado de frente para a janela. Observei, na época, uma loja de carnes chamada Casa Araújo, que, pela fachada, pareceu-me ser diferente das demais e, ao visitá-la, percebi essas diferenças e seu formato me atraiu. Você entrava e, com toda a liberdade, circulava dentro dela, mexia nos produtos, selecionava o que queria e pagava na saída. Fiquei encantado com aquilo, embora ainda não entendesse por que aquele estabelecimento estava à frente de seu tempo. Aquela experiência me marcou de forma profunda e, inconscientemente, contribuiu para eu me tornar o supermercadista que me tornei.

CASA ARAÚJO

O fato é que, com base em minhas pesquisas, é possível dizer que essa loja paulistana, a partir de 8 de setembro de 1947, foi a primeira experiência com o autosserviço alimentar no Brasil. Ela começou como Casa Araújo, mas, dois anos depois, passaria a chamar-se Loja Araújo. Foi concebida pelo frigorífico Wilson para tornar mais conhecida a sua marca e aumentar sua venda de carnes. O frigorífico escolheu adotar o modelo de autosserviço para sua pequena e limitada mercearia, a maioria de produtos próprios e conjugada a uma seção de carnes a serviço (açougue), tendo um *checkout* na saída. Vendia diversos tipos de embutidos (linguiças, salames e salsichas) e foi a pioneira a vender alguns cortes de carnes pré-empacotadas.

Contudo, a aventura do Wilson no varejo se encerraria em breve. Com problemas de abastecimento de carnes na cidade, os açougues de São Paulo, que eram tanto clientes quanto concorrentes do frigorífico, sentiram-se prejudicados, pois a loja continuava a ter carne e os açougues tinham pouco produto. Como essa concorrência se revelou desleal e, por isso, prejudicial à imagem do frigorífico, o Wilson resolveu deixar o varejo.

Assim, em 1949, o estabelecimento foi vendido para Raul J.P. Borges, que, viajando para Chicago, no ano seguinte, a convite do mesmo Frigorífico Wilson, conheceu alguns supermercados. Ao voltar ao Brasil, Borges comprou balcões frigoríficos abertos e passou a operar a seção de carnes também em autosserviço. Mudou, então, o nome para Loja Araújo. Borges investiu no negócio trazendo, por exemplo, da França, um especialista em cortes de carnes e empacotamento, o francês Fernando Caron.

O empresário desejava, porém, fazer do pequeno autosserviço um supermercado. Viu, no entanto, suas pretensões frustradas, sobretudo porque o imóvel de que dispunha era pequeno demais para seu propósito. Assim, em 1952, Borges vendeu o ponto, que passaria, a partir da venda, a chamar-se Casa Ricardo.

Mas Borges não desistiu do sonho e decidiu realizá-lo em outro ponto. Procurou, então, um velho colega, com o qual havia estudado em Portugal. Tratava-se de Fernando Pacheco de Castro, que, anos mais tarde, em 1968, seria um dos fundadores e o primeiro presidente da Associação Brasileira de Supermercados, a Abras, fundada no dia 11 de novembro daquele ano.

GANHANDO FÔLEGO

Enquanto a primeira experiência com o autosserviço foi de curta duração, a segunda foi um sucesso. Em junho de 1949, Sebastião Gomes Alexandre cedeu aos argumentos de José Luiz Sulliano, da NCR (National Caixas Registradoras), conhecido por ser um grande incentivador do uso do autosserviço e da implantação dos supermercados no Brasil – obviamente pelo desejo e necessidade de vender mais caixas registradoras por loja.

Alexandre introduziu o autosserviço em sua mercearia, cujo nome era Depósito Popular. Por coincidência, ou destino, também conheci e frequentei essa loja. Ficava na rua Formosa, 387, em frente ao Vale do Anhangabaú, em São Paulo, ao lado do antigo Cine Cairo e em frente ao cine D. Pedro, cinema esse que eu costumava frequentar nas matinês de domingo.

Depois de alguns anos de operação, Alexandre abriu a segunda loja, em 29 de outubro de 1956, com mais perecíveis e já com as características de um supermercado. Não por acaso, a nova unidade se chamaria Depósito Popular Supermercado.

Voltando ao ano de 1949, esse período foi, particularmente, rico em termos de expansão do autosserviço brasileiro, sobretudo na capital paulista, onde surgiram, pelo menos, mais duas lojas de alimentação utilizando o autosserviço, a Casa Prata e a Casa Vilex.

Em outras cidades do país, esse tipo de loja surgiria pouco tempo depois. Em 1951, em Curitiba (PR), uma das mercearias da rede Demeterco adotou o autosserviço. A loja tinha 250 m² de área de venda, quatro *checkouts*, 25 funcionários e uma linha de 1,5 mil produtos.

Em Porto Alegre (RS), em 1952, a mercearia Pereira & Oliveira, que tinha como um de seus sócios Joaquim Pereira de Oliveira, já experimentava o autosserviço. Um ano depois, surgiria, na capital gaúcha, desenvolvida por essa empresa, o primeiro supermercado do estado. Também em Porto Alegre, por iniciativa da Secretaria de Agricultura, Indústria e Comércio do estado, em 12 de janeiro de 1953 surgiu a Campal, Companhia Rio-Grandense Reguladora do Comércio, que começou a operar lojas de alimentação em autosserviço. Não chegava a ser, mas estava próxima de um supermercado.

Suas lojas se assemelhavam ao que hoje chamamos de loja de sortimento limitado (*hard discount*), formato cujo principal representante, atualmente, no Brasil, é a Rede Dia e, no mundo, os alemães Aldi e Lidl.

As lojas da Campal tinham áreas de vendas pequenas, preços baixos e sortimento muito reduzido, com uma a duas marcas por item. As lojas ficavam em bairros periféricos para atender consumidores de baixo poder aquisitivo. A companhia chegou a ter três unidades em 1953.

A exemplo do que se verificara em outros lugares do mundo, o autosserviço alimentar, em pouco tempo, virou um sucesso no Brasil. Os consumidores receberam-no muito bem e, não demorou muito, algumas cooperativas de consumo do Estado de São Paulo passam a usá-lo. Entre elas, destaco a Cooperativa dos Empregados da Tecelagem Parahyba, em São José dos Campos (SP), com uma loja de 1 mil m² de área de venda, até grande para a época. Clemente Gomes foi o responsável por fazer da loja tradicional (mercearia de balcão) um varejo alimentar de autosserviço, com características bem próximas de um supermercado.

Os primeiros estudos para a implantação do autosserviço, pela cooperativa, se iniciaram em junho de 1952. A loja começou a funcionar em janeiro de 1953 e foi a primeira, no Brasil, a ter, por meio de fabricação própria, carrinhos para clientes. A confecção dos carrinhos se baseou em desenhos feitos pela NCR, de Sulliano. A empresa também chegou a fabricar e a vendê-los ao Depósito Popular, ao Sirva-se e para algumas outras lojas pioneiras.

O fato é que a loja da cooperativa estava muito próxima de ser um supermercado, no entanto, por só vender a seus cooperados, não pôde ser catalogada como tal, apesar de preencher todos os demais requisitos.

Essas são algumas conhecidas experiências pioneiras no uso do autosserviço, porém aconteceram muitas outras pelo Brasil afora.

OS PRIMEIROS SUPERMERCADISTAS BRASILEIROS

O ano de 1953 marca o início da implantação dos supermercados no Brasil. É quando o autosserviço amadurece e os empresários se convencem de que o modelo supermercadista, utilizando o autosserviço, tem tudo para funcionar e conquistar, com facilidade, o consumidor brasileiro, lançando-se, de vez, como alternativa ao empório ou mercearia, à frutaria e ao açougue. Várias lojas surgiram nesse ano, a maioria em São Paulo, Rio de Janeiro e Porto Alegre. Supermercados Americanos, S.M., Sirva-se, Disco, Copacabana, Real, entre tantos outros.

Com poucas exceções, como o Sirva-se, em São Paulo, de Fernando Vaz Pacheco de Canto e Castro, o nosso Fernando Pacheco de Castro, considerado o pai dos supermercados brasileiros, ou o Disco, no Rio de Janeiro, de Augusto F. Schmidt, todos os demais pioneiros tiveram características comuns de origem. Começaram como pequenos comerciantes, donos de armazém ou atacado e até padaria. A maioria dos pioneiros tinha origem portuguesa, havia cruzado o Atlântico e passado por dificuldades em seu início no Brasil.

Embora houvesse, já naquela época, empreendedores supermercadistas de diversas origens, como o italiano Domingos Trevisan, criador de rede que levaria seu nome, ou os irmãos Antenor e Arnaldo Angeloni, de Criciúma, os exemplos portugueses aparecem em maior número e destaque, como os de Manoel Antonio Sendas, que aportou no país em 1914, com apenas 15 anos, e radicou-se em São João do Meriti (RJ); Manuel da Silva Sé, que criou a rede de Supermercados Sé, em São Paulo; Artur Rodrigues Fontes, responsável pela rede carioca Três Poderes; Joaquim Oliveira, do Real, que, em 1922, já operava um armazém de secos e molhados em Pelotas (RS); e, ainda, Valentim dos Santos Diniz, que chegou ao Brasil em 1929 e, em 1936, já era dono de uma pequena mercearia. Antes de criar seu supermercado, ele abriria uma doceria, em 1947, com o nome Pão de Açúcar. Chegou a ter cinco unidades.

Nesse processo de modernização do varejo brasileiro, São Paulo era o centro das atenções. Mesmo a loja de Diniz, apesar do nome, inspirado, sim, no arrebatador morro carioca, ficava na capital paulista.

EM SÃO PAULO

Supermercados Americanos

Esse era o nome da primeira loja no formato supermercadista a ser aberta em solo brasileiro, mais precisamente na cidade de São Paulo. Porém, em razão de sua brevidade, não se notabilizou pelo mérito que teve. São poucos os que sabem de sua existência e relevância história.

A loja foi aberta por um militar norte-americano chamado Richard Samuel Roberts que, durante a Segunda Grande Guerra, prestou serviços no Brasil. Ao fim do conflito, ele ficou no país e passou a trabalhar na Sears Roebuck, empresa americana de lojas de departamentos, fundada em 1886, em Chicago, nos Estados Unidos, cuja primeira unidade, no Brasil, fora aberta em 1949, na rua Treze de Maio, próxima à avenida Paulista.

Roberts permaneceu nessa empresa por quatro anos. Essa loja de departamentos funcionou até ser substituída pelo Shopping Pátio Paulista, isto em 13 de novembro de 1989. Porém, 36 anos antes da inauguração do hoje tradicional *shopping* da capital paulista, Roberts largou seu emprego, associou-se a Jaime Guinsburg, Denis Macedo e Henrique Jovino e, nessa mesma rua, no número 1.936, em frente à Sears do Paraíso, abriu, em 24 de março de 1953, um supermercado semelhante aos americanos que ele já conhecia.

Aos olhos dos consumidores brasileiros, o novo e curioso sistema "pegue e pague", usado pelo supermercado, levou "fregueses" a perguntarem sobre o preço do aluguel dos carrinhos e se havia a necessidade de comprar ingresso para entrar no estabelecimento. Ir às compras passou a ser um evento, um passeio diferente. A loja, com 800 m², operava três mil itens de mercearia, frios, laticínios, frutas e verduras, carnes e itens importados, como vinhos, condimentos e enlatados. Seus equipamentos de frio, como balcões frigoríficos abertos, foram desenvolvidos pela Campos Sales S.A., com base em desenhos norte-americanos.

Um ex-diretor do Grupo Pão de Açúcar, José Valney de Figueiredo Brito, um amigo com quem trabalhei nessa companhia, durante anos, informou-me, acredite, que foi empacotador dessa loja em seu ano de inauguração, e contou-me, entre outras estórias, que uma das clientes dessa loja era Dona Leonor Mendes de Barros, esposa de Ademar de Barros. Ademar tinha sido governador de São Paulo entre 1947 e 1951 e, posteriormente, prefeito da cidade, entre 1957 e 1961. Ao chegar à loja, com seu motorista, algo incomum para a época, Roberts sai correndo em direção à rua para recebê-la.

Uma publicidade da NCR, na época, veiculada na revista Seleções, dizia: *"O público de São Paulo aceitou, com agrado, o Supermercado, como também o sistema de autosserviço, ou seja, o já famoso método americano pelo qual os fregueses se servem a si mesmos, sem a interferência de caixeiros, o que permite estabelecer preços mais baixos".*

A loja, infelizmente, não durou muito por causa de graves problemas financeiros e da inexperiência dos sócios nesse tipo de varejo. Antes, contudo, abriram uma segunda loja, na rua Estados Unidos, próxima à rua Augusta. Em 21 de junho de 1955, mudaram a razão social para S.M.A.L. Ltda. e passaram a operar também no atacado. Porém, vendas baixas, margem insuficiente e o alto Imposto de Vendas e Consignações (IVC) acabaram com o sonho dos sócios. Após fecharem a segunda loja, eles venderam, em 1959, a empresa.

Sob nova direção, a companhia passou a chamar-se Supermercados Intercontinental e, mais tarde, já nas mãos de um terceiro dono, iria tornar-se o Supermercado Tip Top, rede que, na ocasião, já operava quatro lojas. A primeira de suas unidades ficava na avenida General Olímpio da Silveira, número 39, em imóvel de uma antiga locadora de veículos. Apesar da trajetória inicial promissora, a rede seria fechada dois anos depois dessa aquisição, por divergências entre seus sócios, o português Antonio Suzano e o indonésio Go Sik Ing.

Sirva-se

Enquanto alguns pioneiros ficaram no caminho sem realizar por completo o sonho supermercadista, outros perseveraram, graças a muito trabalho e empenho empreendedor. Conseguir investidores para abrir um supermercado era tarefa difícil para a época. Era um negócio pouquíssimo conhecido no país.

Porém, Raul J. P. Borges e Fernando Pacheco de Castro faziam parte dos perseverantes e engenhosos: o tempo provaria isso. Suas argumentações, finalmente, lograriam êxito e, em outubro de 1952, foi constituída a sociedade Supermercados Sirva-se Ltda., tendo como sócios, além dos dois idealizadores, Mário Wallace Simonsen, do Banco Noroeste do Estado de São Paulo, Júlio da Cruz Lima e Nestor Salvador Sózio.

Um imóvel, na rua da Consolação, 2.581, entre a alameda Santos e a avenida Paulista, foi alugado e adaptado. Em 24 de agosto de 1953, foi inaugurado o primeiro supermercado da empresa, que, vale destacar, é considerado, por muitos, o primeiro supermercado do país. Embora não seja, do ponto de vista cronológico (o Supermercado Americano nasceu exatos cinco meses antes), sua relevância simbólica, até em razão da projeção que seus idealizadores teriam no universo supermercadista, confere a essa loja esse *status*.

Com 1,4 mil m² de área total e 800 m² destinados à venda, a loja era, na acepção estrita e técnica do termo, um supermercado. Do *layout* aos equipamentos, seguia o vitorioso modelo americano. Operava as cinco seções, de mercearia, carnes, frutas e verduras, frios e laticínios, além de um pequeno bazar, e usava um agressivo merchandising que ainda era novidade para a época.

O começo foi um pouco difícil. Os clientes estranhavam a catraca na entrada, não queriam deixar suas sacolas para acessar a área de vendas e empurrar carrinhos constrangia, principalmente, os homens. Havia clientes que se sentiam inferiorizados por não ter dinheiro para encher o carrinho, como se isso fosse obrigatório. A solução foi fazer pequenas cestas para substituir os carrinhos.

Conta-se, também, que tiveram problemas com as autoridades municipais, pois uma lei da cidade proibia a venda de perecíveis e não perecíveis no mesmo espaço. Fala-se até que os donos passaram um dia presos, mas que o prefeito da cidade à época, Jânio Quadros, reviu a interpretação da lei e optou por aderir ao modelo americano, que permitia combinar a venda de perecíveis e não perecíveis no mesmo espaço.

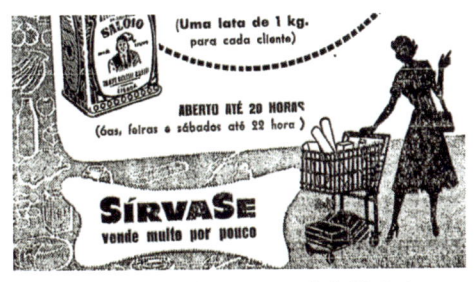

Propaganda do primeiro supermercado de São Paulo (Fila da Manhã, 11 de novembro de 1953)

O gerente dessa loja Sirva-se, o icônico Mario Gomes d'Almeida, um paulistano nascido em 1925, teve bastante trabalho para que todos se acostumassem ao supermercado e às suas regras. Para vender quase só em autosserviço, eles mesmos empacotavam arroz, farinha e outros cereais, além de sabão. Porém, apesar do início problemático e cheio de desafios, o negócio vingou, conquistando autoridades e consumidores.

Em poucos anos, não apenas o pioneiro Sirva-se, mas também outros supermercados da época, conquistaram as famílias brasileiras e se multiplicaram, enquanto as vendinhas foram minguando aos poucos.

PROFISSIONAIS PIONEIROS

Embora não tenha empreendido no ramo, Mario Gomes D'Almeida, pela competência como gestor de supermercados, foi, durante anos, figura notória no setor.

Mas, além dele, o Sirva-se reuniria, em várias áreas de funcionamento da atividade supermercadista, outros profissionais de destaque, não apenas para a empresa, mas para todo o setor.

Um desses profissionais seria Ernesto Franceschini, que tinha sido estoquista da famosa loja de departamentos Mappin. Ele chegou ao Sirva-se em 1º de março de 1954, para substituir D'Almeida, que havia pedido demissão. A exemplo de D'Almeida, Franceschini faz um bom trabalho e entra para a história como um gestor destacável da empresa. Em 15 de agosto de 1964, transfere-se para o Pão de Açúcar, tendo sido nosso companheiro até 14 de março de 1974.

O fato é que, em dezembro de 1955, o Sirva-se abriria sua segunda loja, na rua Gabriel Monteiro da Silva, 1.351, região nobre e rica da cidade paulista. Essa segunda loja Sirva-se foi construída para ser um supermercado, ou seja, não se tratava de um galpão adaptado. A unidade fora inteira customizada e tinha um grande depósito, uma generosa área de vendas, oito *checkouts* sempre abertos, com operadoras e empacotadores que trabalhavam durante todo o dia. Eu tive a oportunidade de trabalhar nessa loja por algum tempo.

Uma figura emblemática, nesse período, foi Hermínio Ferreira Netto, que veio do Banco Noroeste para assumir a gerência da loja e criou um padrão de operação inovador. Muito exigente, não abria mão de qualidade em aspecto nenhum, mas sua atenção era especialmente dedicada aos produtos pré-empacotados, como sabão em pedaço, do qual um pacote continha três unidades do produto. Criou cartelas (pacotes) para vender cinco barras de chocolates juntas e dizem que as vendas quintuplicaram.

É possível dizer, sem medo de errar, que o pioneirismo dos fundadores do Sirva-se foi compartilhado pelos profissionais que fizeram as engrenagens das lojas dessa bandeira funcionar. Mais do que isso, a partir da experiência adquirida na rede pioneira, fizeram também as engrenagens de outras empresas e do próprio setor se movimentar.

A partir de 1965, eu teria a oportunidade de trabalhar com alguns desses incríveis profissionais do Sirva-se (veja *box*). Na ocasião, a rede pioneira seria adquirida pelo Pão de Açúcar, onde eu já trabalhava na época. Pois é, eu já estava no ramo desde esse (longínquo) ano.

O Tenca foi meu chefe de pessoal, o Peres e a Elizabeth eram diretores de compras, o Missao, comprador de frutas e verduras, o Toselli foi gerente de loja, o Zago, o encarregado do depósito central, e o Ernesto, supervisor de lojas. Boas e agradáveis lembranças tenho desses profissionais e daquela época.

> Confira o nome de alguns dos principais colaboradores, no início da década de 1960, do pioneiro Sirva-se:
>
> - Gerente da loja – Hermínio Ferreira Netto
> - Comprador para depósito – Antonio Peres
> - Comprador de Frutas e Verduras – Missao Baba
> - Chefe de Pessoal – Osvaldo Tenca
> - Chefe de Manutenção – Carlos Toselli
> - Fiscal de Caixa – João Cardoso
> - Encarregado do Kardex – João Rosário da Silva
> - Encarregado de Frios – José Alceu
> - Encarregado de Laticínios – Brasileiro
> - Encarregado do Depósito Central – Zago
> - Encarregada de Bazar – Elizabeth de Castro

Apesar do destaque dado a alguns supermercados e, principalmente, ao Sirva-se, o produtivo e criativo 1953 deu-nos muitos outros supermercados. Entre os quais, lembro-me, também em São Paulo, da inauguração do Supermercado S.M., no dia 28 de outubro. Era uma pequena loja na rua Pamplona, também uma região nobre da cidade. Porém, assim como tantos outros, o S.M. não duraria por muito tempo, sendo vendido em abril de 1959.

SUPERESTÓRIAS

Durante mais de três décadas de atuação na rede Pão de Açúcar, fui, por dado período, responsável pela gestão das Divisões de Supermercados, Hipermercados, Turismo e Restaurantes do Grupo. Na divisão de restaurante, sob a marca Well's, tinha por hábito reunir-me, todas as sextas-feiras, com os cinco principais executivos da empresa. Nesses encontros, fazíamos as avaliações semanais de desempenho de cada área e planejávamos a próxima semana.

Lá, estava sempre o Décio Negreda, Lucilio de Lucca, Antonino Cirrinccione, Liane Piran e o Johannes.

Lembro-me bem do Johannes, um uruguaio, meio gordinho e muito simpático. Era subordinado do Décio, antigo e muito querido amigo, e responsável pela supervisão de todos os restaurantes Well's. Para todos nós, era sempre um desafio entender o que ele falava nas reuniões. Era uma mistura ininteligível de português e espanhol.

Em uma dessas reuniões, não resisti:

— Johannes, não dá para entender o que você fala. Depois de sete anos no Brasil, está na hora de se expressar de forma que eu e todos aqui possamos entendê-lo.

Ele não se fez de rogado e disparou:

— Dr. Ascar, no dia que o senhor entender o que eu falo, o senhor me manda embora.

Todos riram muito e entenderam o tom de brincadeira do uruguaio. Até hoje, lembro-me dele e de sua brincadeira, quando faço palestras ou apresentações.

SUPERMORAL

Brincadeiras à parte, a verdade é que, numa organização, pode haver muita gente com muito conteúdo a dizer para enriquecer a operação das lojas, mas que não consegue se expressar ou não consegue se fazer entender. Há, inclusive, empresas que nem estão abertas a receber contribuições de seus funcionários. Mas é importante que estejam. Daí pode vir uma ideia incrível.

CAPÍTULO V:
AS PRIMEIRAS ESCOLAS

Se você copia um concorrente, o máximo que vai conseguir é empatar. É preciso fazer melhor.

Todo setor tem suas referências, empresas que funcionam como verdadeiros modelos de gestão e qualidade para todo o mercado. Este capítulo mostra quais foram os "supermercados-escola" do Brasil.

Do pioneirismo às primeiras referências do setor, não demorou muito tempo e, nesse sentido, mais uma vez, as empresas da capital paulista se destacaram. Como vimos no texto publicado no capítulo anterior, embora o Sirva-se tenha tido vida relativamente longa, seus idealizadores, Fernando Pacheco de Castro e Raul Borges, saíram da sociedade em fins de 1953, mas não para mudar de ramo, apenas de rumo.

Foi durante um jantar no La Casserole, no Largo do Arouche, em São Paulo, que os dois "sócios" e mais três empresários, entre os quais José Luiz Sulliano, da NCR (National Caixas Registradoras), empresa fabricante de caixas registradoras, discutiram a ideia de abrir uma nova loja, na verdade, uma nova empresa.

A discussão e as perspectivas vislumbradas entusiasmaram, novamente, a dupla pioneira, que voltou a procurar sócios-investidores para o novo empreendimento. Em pouco mais de seis meses, em 3 de agosto de 1954, esses dois empresários constituem a empresa Supermercados Peg-Pag Ltda., tendo como seus sócios os franceses Philippe Maurice Allain e François Beraut.

PEG-PAG, O PRIMEIRO GRANDE "MARCO DIVISÓRIO"

A primeira loja do Peg-Pag, contudo, só viria a ser inaugurada no dia 23 de dezembro do mesmo ano, aberta na rua Rego Freitas, 172, com equipamentos importados, *layout* moderno, uma evidente preocupação com a qualidade e um sortimento bastante rico para a época. Mas, das ações tomadas, a que de fato faria a diferença em favor do Peg-Pag foi a busca pelos melhores profissionais do mercado, como já havia feito o pioneiro Sirva-se.

Assim, o gerente da loja seria D'Almeida, que deixou o Sirva-se justamente para trabalhar no Peg-Pag. Os encarregados das seções, por sua vez, foram buscados no Mercado Municipal, na mercearia do Mappin e nos melhores varejistas da época.

Em 2 de agosto de 1955, a rede abre sua segunda loja e, em 1957, inaugura mais duas. Em 1958, são abertas mais quatro e a rede chega a oito lojas no dia 27 de novembro daquele ano.

Peg-Pag, 1959.

De 1955, considerando o início efetivo de suas operações, até os primeiros anos da década de 1970, o Peg-Pag, de Borges e Pacheco, projeta-se como a maior e mais importante rede de supermercados do Brasil. Assim, a dupla contribui, de forma inestimável, para a sólida e definitiva fundação das bases da atividade supermercadista no país.

Em agosto de 1961, Raul Borges, que muitos consideram, ao lado de Pacheco, o pai dos supermercados no Brasil, sai da sociedade, que passa a ser gerida por Philippe Alain, Pacheco de Castro e François. Essa turma fez um trabalho incrível e transformou a rede na primeira "escola de supermercados" para o Brasil. Todos os interessados em abrir loja de supermercado iam a São Paulo conhecer sua operação. Além disso, seu nome passou a ser, por muitos anos, sinônimo de supermercado. Foi o primeiro grande marco divisório do varejo alimentício brasileiro. A primeira rede importante e "professora" das demais.

Esse caráter foi reforçado pela forte participação de Pacheco de Castro como uma das lideranças da classe supermercadista no país em seus primórdios. O empresário encabeçou a luta pelo reconhecimento do setor como atividade comercial regular, o que foi alcançado em 1968. No mesmo mês em que se obteve essa conquista, novembro, a Associação Brasileira de Supermercados (Abras) foi fundada e, para dirigi-la, foi nomeado Pacheco de Castro, que ficaria à frente da entidade por nove anos, até 1977.

> Estas são algumas iniciativas da rede que até então não existiam no mercado:
> 1. Peg 2 Pag 1.
> 2. Vales que davam direito a um desconto.
> 3. Aluguel de terminal de gôndola.
> 4. Aluguel de espaços aéreos.
> 5. Locais para promoção e degustação de novos produtos.

A rede Peg-Pag foi vendida em 1972 para a Cia. Souza Cruz, que, seis anos depois, em 1978, vendeu-a ao Pão de Açúcar. Conheço bem essa história, pois trabalhava no "Pão" nessa época e estava em Portugal, durante o primeiro semestre de 1978, reorganizando a operação do grupo na Europa, quando fui chamado de volta ao Brasil, justamente para assumir a gestão da rede de lojas recém-adquirida.

SUPERMAPPIN

Antes de seguir pela trilha das décadas, vale voltar para os anos 1950, quando, efetivamente, tudo começou, em termos de supermercados no Brasil. Enquanto Peg-Pag, Sirva-se e outras empresas do setor escreviam suas histórias, havia gigantes, de outros segmentos varejistas, com olhos cobiçosos sobre o inovador modelo de varejo alimentar baseado no autosserviço.

Assim, em 1957, aconteceu algo muito interessante nesse novo formato de varejo. A Casa Anglo-Brasileira, proprietária, em São Paulo, das famosas lojas de departamentos Mappin Stores, resolve entrar no autosserviço de alimentação e abre, na rua da Consolação, no antigo Cine Odeon, uma exclusiva e inovadora loja chamada Mapps. Sem muita demora, a empresa abre seu segundo "supermercado", sob a mesma bandeira, na alameda Nothmann, e também, pouco tempo depois, inaugura o terceiro, na rua Aurora.

Uso aspas no supermercado do Mappin porque, tecnicamente, as lojas Mapps tinham mais características de loja-depósito (*warehouse store*) do que de supermercado. A ideia era simples, inovadora e promissora, ainda mais considerando o baixo poder aquisitivo da população brasileira – realidade que, vale registrar, em sete décadas, não fomos capazes de reverter. Assim, o modelo implementado pelo Mapps aliava autosserviço às vendas à vista e instalações muito simples. Com pouco investimento, as lojas da rede vendiam com preços 25% abaixo dos concorrentes. Os fornecedores bancavam parte desses preços baixos e também os produtos com marca própria.

> Alguns supermercados que nasceram na década de 1950 e tiveram vida curta:
> - Kiko
> - Al Amir
> - Infinitos
> - Garoto
> - Intercontinental
> - New York
> - Tudo
> - Tip Top
> - Nelson

Em síntese, o Mapps inaugurava um modelo de loja de desconto no Brasil. Porém, a reação dos supermercadistas a esse formato, uma variação inteligentíssima do próprio supermercado, não foi boa. Os empresários do setor consideravam a concorrência desleal e não admitiam que o Mapps pudesse vender aos preços que eles compravam dos fornecedores. Dessa forma, sob ameaça de boicote, os supermercados, cuja força enquanto classe já era forte nessa época, forçaram os fornecedores a quebrar os acordos comerciais que tinham com o Mapps.

A inovadora rede, então, entrou em declínio e se extinguiu. Porém, a ideia voltaria mais tarde com os grandes *discounters* alemães, o inovador Basics, de Miami, e as lojas de sortimento limitado brasileiras: Aldi, Balaio, Poco Preço, Minibox, entre outras. A ideia é também usada pelas lojas-depósito americanas e, no Brasil, pelo Superbox. Mais recentemente, os atacarejos (para mim atacado em autosserviço misto) têm se provado um formato hipervitorioso, e todos materializam o conceito semelhante ao que o Mapps tentou emplacar décadas atrás.

PÃO DE AÇÚCAR – O SEGUNDO GRANDE "MARCO DIVISÓRIO"

Se a primeira grande escola e marco divisor da forma de fazer supermercados no Brasil foi o Peg-Pag, o segundo seria o Pão de Açúcar, empresa que, como supermercado, nasceria em 1959, seis anos depois das primeiras lojas do segmento no país. A primeira unidade, que está em operação até hoje, contígua ao edifício-sede e centro administrativo da empresa, foi aberta no dia 15 de abril de 1959, na avenida Brigadeiro Luiz Antônio, 3.126, no Jardim Paulista, em São Paulo.

Fundada por Valentim dos Santos Diniz, a rede Pão de Açúcar, em breve, iria se tornar, pelas mãos de seus filhos e, principalmente, do primogênito de seu fundador, Abilio Diniz, a maior empresa do segmento, não apenas no país, mas no Hemisfério Sul, como Abilio gostava de dizer, inclusive, ultrapassando as fronteiras brasileiras e chegando a Portugal, Espanha e Angola. Porém, no princípio, a empresa foi cautelosa em termos de expansão. Depois da abertura da primeira loja, a segunda unidade só viria depois de alguns anos de análise e aprendizado. Surgiu em 1963, em um bairro nobre de São Paulo, Higienópolis, na rua Maria Antônia, 422, na confluência com a Rua Major Sertório.

Mas, a partir daí, a porteira da expansão foi aberta e, dois anos depois, em 1965, o Pão adquiriria as duas lojas do Sirva-se. A aquisição, na época, levava a rede, criada seis anos antes, à sua oitava unidade. Ou seja, a partir da segunda loja, aberta em 1963, a rede triplicou de tamanho em menos de três anos.

UM POUCO DO QUE VI NO PÃO

Foi em 23 de novembro de 1965, no ano da aquisição do Sirva-se, que eu me descobri supermercadista. Naquele novembro, eu fui admitido pelo Pão de Açúcar, como assistente de diretoria. Assistia, diretamente, a Abilio Diniz e Luiz Carlos Bresser-Pereira, então diretor-administrativo da empresa.

No entanto, supermercadista que se preze não pode ficar no administrativo sem provar dos prazeres e desprazeres do chão de loja. Assim, após um estágio de apenas dois meses, assumi a gerência de uma delas na Praça Roosevelt. Era a loja de número três da pequena rede de então. Durante dois anos, fui um supervisor de loja e, após três anos, assumi o departamento de Recursos Humanos. Ao mesmo tempo, acumulei funções no Departamento de Operações, onde a atividade supermercadista, de fato, acontece. Ali, eu aprenderia muito do que eu sei sobre esse negócio fantástico e pelo qual sou apaixonado. Nesse processo de aprendizado do operacional, meu principal professor seria o suíço Otto Engeler.

MEU PRINCIPAL PROFESSOR

Engeler chegou ao Brasil em 1957 e veio para trabalhar no Peg-Pag. Ele era mais um exemplo da preocupação da rede em ter os melhores profissionais possíveis em sua equipe. Em Zurique, a maior cidade da suíça, Engeler havia trabalhado na Migros e era um profissional respeitado. Foi François Beraut, um dos sócios do Peg-Pag, quem o buscou em seu país natal.

"Quando cheguei ao Brasil, a rede tinha apenas duas lojas. Até fins de 1959, eu ajudei a rede a abrir mais seis unidades", contou-me Engeler. O fato é que ele retornaria à Suíça em fins de 1960 e, a partir desse ano, até 1963, ele trabalharia de novo na Migros, mas dessa vez na filial de Istambul, na Turquia. Ainda em 1963, contudo, ele retornaria ao Brasil para trabalhar na fábrica do sogro, mas não ficaria lá por muito tempo.

"No dia 10 de abril de 1965, o Pão de Açúcar me contrataria. Abilio Diniz tinha feito uma viagem à Suíça, quando conheceu a rede Migros. Na ocasião, perguntou aos diretores da empresa se não havia ninguém para vir trabalhar com ele no Brasil. Alguém se lembrou de mim e que eu estava em São Paulo. Através do Consulado da Suíça, Abilio me encontrou. Na época, o Pão de Açúcar tinha seis lojas. Bom, o resto da história, amigo Ascar, você conhece tão bem quanto eu", disse Engeler.

O fato é que o empenho de Abilio para fazer da empresa da família a nova referência do setor supermercadista estava dando certo. Assim, não demorou para que o Pão de Açúcar roubasse a cena e assumisse o posto de mais inovadora, que antes era do Peg-Pag. A empresa virou o grande *benchmarking* do país. Esse *status* alcançado acompanharia a empresa por décadas – na verdade, segue com ela até hoje —, período durante o qual compraria inúmeras redes, tais como Compre Bem, Barateiro, Sé, o próprio Peg-Pag, Eletroradiobraz e muitas outras.

Aprendi, na época, com o Abilio algo que me marcou muito. "Acredite em você e faça mudanças e experiências sem hesitar". Dizia ele que experiências feitas levam à nossa evolução. Se derem certo, ótimo, se não, recomece de novo, já um degrau acima. Se o Otto foi meu professor operacional, o Abilio foi o professor de todos nós.

BRASIL AFORA

Não foi só em São Paulo que os supermercados surgiram e fizeram sucesso, quase instantaneamente, na década de 1950. Outros lugares do país também viram nascer, no mesmo período, seus primeiros supermercados: Minas Gerais, Rio de Janeiro, Bahia, Pernambuco e Rio Grande do Sul, por exemplo. Porém, houve lugares que levaram mais tempo para receber o novo formato de varejo alimentar.

Essa diferença de *timing* se deu porque o país ainda era relativamente rural na maior parte dos estados. Os supermercados chegaram antes, no Brasil, pelas suas maiores cidades. Onde não havia centros com vocação cosmopolita, o modelo demorou mais a chegar. Assim, em muitos lugares, até fins de 1960 e metade dos anos 1970, o abastecimento ficou sob responsabilidade das mercearias, varejões, quitandas, padarias e açougues. A chegada dos supermercados a essas regiões coincide com o período pós-fundação de Brasília, que ensejou a construção de novas estradas e estimulou o crescimento da indústria automobilística, dando ao país um novo ritmo de crescimento.

Porém, vamos nos concentrar nos centros urbanos que acolheram as primeiras lojas do formato no país. Como se haveria de imaginar, até pela forte influência europeia e americana, o Sul e o Leste desempenharam papel pioneiro em termos de supermercado no Brasil.

RIO GRANDE DO SUL, TCHE!

O surgimento do Campal, já citado anteriormente, foi o grande motivador para o desenvolvimento no sul. Era, por muitos, considerada uma rede de supermercados, que, como já dissemos, assemelhava-se muito mais às atuais lojas de desconto (*hard discount*) em autosserviço. O fato é que eles abriram as portas para o autosserviço no "Rio Grande" e, a partir daí, rapidamente, surgiram os primeiros supermercados.

Entre eles, pode-se destacar a primeira unidade daquela que viria ser, em breve, a mais importante rede do sul do País, o Supermercado Real. Sua primeira unidade foi inaugurada em 18 de novembro de 1953, em Porto Alegre, e era uma evolução da mercearia Pereira & Oliveira, que também tinha uma forte operação atacadista na região de Pelotas. A iniciativa foi fruto do arrojo de dois jovens: o americano Don Charles Bird e do seu cunhado, o gaúcho Ivon de Oliveira, filho de outro grande desbravador e comerciante português, Joaquim Oliveira. A loja deles se localizava na esquina da avenida Brasil com a avenida Benjamin Constant, tinha 300 m² de área de vendas e seis *checkouts*.

A partir dela, até 1958, surgiriam, em Porto Alegre, outras três unidades sob a mesma bandeira. Abriram também lojas em Pelotas e outras cidades do interior, bem como em outros estados do Sul do País. Ainda em fins de 1953, surgiria o supermercado Mentz, considerado por muitos o segundo supermercado do estado. Mais tarde, foi absorvido pela Rede Real, que era seu grande concorrente.

Como se vê, os varejistas sul-rio-grandenses compartilharam o pioneirismo supermercadista com os paulistas e, mesmo hoje, o estado é referência quando se fala em supermercado. Não por acaso, atualmente, a maior empresa supermercadista, com capital 100% nacional, é a gaúcha Zaffari.

Apesar da sua importância atual, o Zaffari não surgiu na década de 1950. A rede nasceu em 1965, pelas mãos de Giácomo Zaffari, um agricultor de Guaporé que, alguns anos antes, havia se mudado para Porto Alegre e abrira um atacado. Ao conhecer os supermercados, Giácomo resolveu guinar seu negócio para o varejo e, em 1965, no Partenon, abriu sua primeira loja Zaffari de supermercado.

Outro pioneiro gaúcho foi Paulo Celso Dihl Feijó, que operava um pequeno armazém em Porto Alegre, na avenida Assis Brasil, que ele transformou em atacado. Em 1964, abriu seu primeiro e pequeno supermercado Econômico na cidade.

SUPERMARAVILHOSA

O Rio de Janeiro também provou, com certo vanguardismo, das facilidades e dos benefícios dos supermercados. Capital do País na época, o que fazia da cidade um centro político e econômico, viu surgir negócios supermercadistas bastante robustos.

A Distribuidora de Comestíveis, Disco, foi uma delas. Seu primeiro supermercado foi inaugurado em 11 de agosto de 1956, na rua Siqueira

Inauguração do Disco em Copacabana, 1956.

Campos, 89, em Copacabana, por ação do empresário e poeta Augusto Frederico Schmidt. Ele acreditava tanto no negócio que, no fim do mesmo ano, abriria, no Leblon, seu segundo supermercado. A prova de que o poeta versava bem no mundo do varejo seria a ascensão rápida de sua empresa. Em nove anos de existência, o Disco já somava 15 unidades funcionando na capital fluminense.

O sucesso do seu negócio atraiu investidores e, em 1965, a rede foi vendida ao português Antonio Amaral, conhecido como o homem-passarinho. Amaral mantinha, em sua sala, um passarinho solto, que ficava voando. Tomei um baita susto quando, no início da década de 1970, eu o visitei pela primeira vez e fui surpreendido pelo pássaro piando na sala.

Porém, o ano 1956 não teve apenas a abertura da primeira loja Disco. Também em Copacabana, surgiu o Supermercado Copacabana. O ano marcou, ainda, o aparecimento da primeira loja de subúrbio, o Supermercado Nelson, em Cascadura. A unidade tinha 1,2 mil m² de área de vendas, um tamanho descomunal para a época.

Ainda na década de 1950, o embrião da que seria, algumas décadas depois, a maior empresa de supermercados do estado do Rio de Janeiro desenvolvia-se. Em São João do Meriti, município da região metropolitana da cidade do Rio de Janeiro, Arthur Antônio Sendas assume o comando do Armazém Trasmontano, empresa fundada por seu pai.

Loja do Disco, no Rio de Janeiro.

O jovem empresário faria a empresa crescer e virar uma rede de mercearias. Em 1960, ele mudaria o nome da empresa para Mercearias Casas Sendas. Dali para frente, diversificaria seus ramos de atuação. Em breve, as mercearias dariam lugar à robusta e famosa rede de supermercados Sendas, que seria o carro-chefe de um grupo empresarial que ainda contaria com rede de lojas de material de construção, Casa Show, e de hipermercados, o Hiper Bon Marché.

MINAS DE VENDAS

Terra do presidente Juscelino Kubitschek, grande idealizador de Brasília, Minas Gerais recebeu seu primeiro supermercado em 10 de janeiro de 1958. A loja do Serv Bem foi inaugurada no sofisticado bairro Savassi, na capital Belo Horizonte, ao lado de uma famosa padaria da época, a Savassi. Os balcões eram da marca Siam e as caixas registradoras da marca Sweda, o principal concorrente da NCR. Os três sócios, José V. Porto, Afonso M. Castro e Hamilton de Oliveira, declararam que todo o *know-how* para montar a empresa foi adquirido em viagens a São Paulo e Rio de Janeiro, e não ao exterior. As redes usadas como referência foram Disco, no Rio, e Peg-Pag, em São Paulo.

No final de 1958, é inaugurado o supermercado Bandeirantes, criado pelo merceeiro Miguel Furtado. A loja tinha 200 m² de área de vendas e foi o embrião de uma importante rede, que cresceu por todo o estado de Minas Gerais, até 1983, quando o Grupo Pão de Açúcar a comprou. Furtado, alguns anos depois de criar sua empresa, iria se tornar o primeiro presidente da Associação Mineira de Supermercados (Amis).

Outro supermercado, cuja fachada começou a se destacar na capital mineira, foi o Merci. A loja, inaugurada em 1959, foi um caso de expansão interestadual. A bandeira pertencia à rede carioca Mercearias Nacionais. A empresa passava por uma grande transformação, fazendo com que todas as suas mercearias se transformassem em supermercados.

A maioria dos supermercados que surgia na cidade e no estado era desdobramento de mercearias, como a dos irmãos Nogueira. Eles já operavam uma rede de mercearias em 1953, a EPA, mas só entraram nesse novo mundo em 1963. A primeira tentativa não logrou êxito, possivelmente porque a loja foi aberta num bairro de periferia, onde as pessoas, talvez, ainda não estivessem preparadas para o novo tipo de varejo.

Aliás, vale destacar que, até a primeira metade da década de 1960, uma das características desse mercado era a localização das lojas em bairros centrais ou de vizinhança com alto poder aquisitivo. Apesar de todo o potencial do formato para poder atender aos públicos de baixa renda, o fato de ser uma grande novidade talvez "assustasse" a conservadora população das periferias.

Assim, o sucesso do EPA no ramo supermercadista só viria em 1967, com uma loja na área central da cidade. Dali em diante, a companhia, que é uma das mais destacadas do país até hoje, expandiu e se tornou líder no mercado mineiro.

Com a importância econômica adquirida, os irmãos Nogueira assumiram o protagonismo político e passaram a defender os interesses da classe supermercadista no estado. Em 1971, Levy, Gil, João, Gilberto e José, os irmãos Nogueira, lideraram a criação da Amis (Associação Mineira dos Supermercados). Ao longo da história da entidade, por várias vezes, um deles a presidiu. No início da década de 1990, Levy Nogueira presidiu também a Abras (1991-1994) e, pouco depois, a Associação Latino-Americana de Supermercados (Alas).

PIONEIROS NO NORDESTE

Bahia e Pernambuco, no Nordeste, foram os estados que saíram na frente na aventura supermercadista. Em Recife, capital pernambucana, foi inaugurado um supermercado em 1956, na Praça Maciel Pinheiro, 48, com a bandeira Tudo Tem. O nome faz alusão à grande linha de produtos que caracterizava os supermercados e o tornava bem mais completo que as lojas tradicionais.

Também no Recife, já na década de 1960, nasceria um gigante: o Bom Preço. A marca, que viraria uma das maiores do Nordeste e do país, nasceu das mãos de um sergipano de Ribeirópolis, que vivia numa área conhecida como Serra dos Machados. Seu nome é João Carlos Paes Mendonça. O empresário herdou uma modesta mercearia do pai, na própria cidade natal, em 1959. O espírito empreendedor de João Carlos, contudo, promoveria a expansão do negócio, fazendo-o forte na capital, Aracaju.

Ao se deparar com a novidade supermercadista, o empresário enxergou longe e, diante da oportunidade, decidiu dar importante passo para catapultar seu empreendimento. Assim, deixaria seu estado natal e suas mercearias para, em Recife, abrir seu primeiro supermercado. No dia 2 de julho de 1966, no bairro de Amaralina, na capital pernambucana, nascia a primeira loja do Bom Preço.

A força alcançada pela rede de João Carlos, que também viria a ser presidente da Abras (1977-1986), quatro décadas depois, faria com que redes multinacionais e o Grupo Pão de Açúcar lutassem por sua compra. Afinal, adquirir o Bom Preço, no início da década de 2000, significaria morder a maior fatia do mercado nordestino. O êxito, nessa disputa, ficou com o Walmart, que em 2005 comprou a rede. O talento dos Paes Mendonça, no entanto, não foi incorporado apenas por João Carlos.

Seu tio, Mamede Paes Mendonça, que havia deixado a Serra dos Machados para empreender na Bahia, foi o primeiro da família a abrir um supermercado. Na capital baiana, Mamede, que seria um dos maiores líderes do setor supermercadista, fundaria o famoso Paes Mendonça, em 1959, com uma loja na rua Jogo do Carneiro. Antes, na Baixa do Sapateiro, o empresário tocava um armazém de secos e molhados.

Seu primeiro supermercado baiano foi montado a partir de um mercadinho. "Seu Mamede" o comprou, reformou e abriu um respeitável supermercado, que seria gerenciado por Pedro Oliveira. A unidade seria a primeira de um império que, no futuro, teria no Rio de Janeiro uma de suas principais praças. O Paes

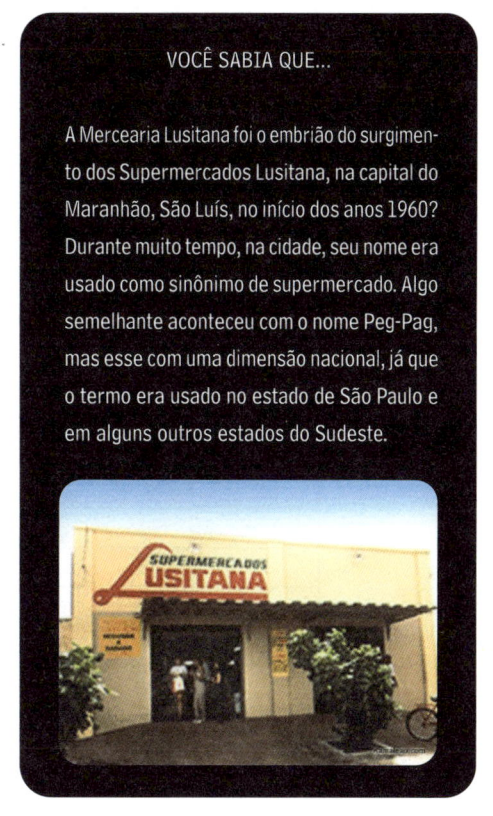

> **VOCÊ SABIA QUE...**
>
> A Mercearia Lusitana foi o embrião do surgimento dos Supermercados Lusitana, na capital do Maranhão, São Luís, no início dos anos 1960? Durante muito tempo, na cidade, seu nome era usado como sinônimo de supermercado. Algo semelhante aconteceu com o nome Peg-Pag, mas esse com uma dimensão nacional, já que o termo era usado no estado de São Paulo e em alguns outros estados do Sudeste.

Mendonça, como era chamado, foi em dado momento uma das maiores empresas do segmento no país.

Fernando Yamada, da rede paraense Y. Yamada e presidente da Abras de 2012 a 2016, em algumas conversas que tivemos, costumava dizer que Mamede fora um líder nato e que sua história é motivo de grande orgulho e exemplo para o "nosso setor".

Apesar de toda a importância e de ter vingado, a ponto de ser referência para supermercadistas cujas empresas, ainda hoje, estão em plena atividade, o supermercado de seu Mamede não foi o primeiro dos soteropolitanos. Antes, em 1958, na avenida Sete de Setembro, Salvador ganhou uma loja cuja fachada trazia o seguinte nome: Tire e Pague. Esse foi o primeiro supermercado da cidade. Mais um exemplo de pioneirismo, mas não de longevidade.

OS PRIMEIROS POR ESTADO

Várias das lojas que destaco a seguir já fecharam, mudaram de nome ou foram adquiridas pela concorrência, mas a importância que tiveram não pode ser apagada. Estes são considerados os primeiros supermercados inaugurados nos estados do país.

Estados	Supermercados
Acre	Dois Oceanos
Alagoas	CEIA
Amapá	Brunsulik
Amazonas	Pague e Lev
Bahia	Tire e Pague
Ceará	Sino
Distrito Federal	Planalto
Espírito Santo	São José
Goiás	Prático
Maranhão	Lusitana
Mato Grosso	Serve Bem
Minas Gerais	Mercearias Nacionais
Pará	São João
Paraíba	Compre Bem
Paraná	Demeterco
Pernambuco	Tudo Tem

Piauí	São Gonçalo
Rio Grande do Norte	Minipreço
Rio Grande do Sul	Real
Rio de Janeiro	Disco
Rondônia	Teixeira
Roraima	Botecão
Santa Catarina	Riachuelo
São Paulo	Sirva-se
Sergipe	Paes Mendonça

Antes de encerrar este capítulo, é importante lembrar a histórica Lei 7.208, assinada pelo prefeito de São Paulo, Brigadeiro Faria Lima, em 13 novembro de 1968, por meio da qual, finalmente, os supermercados foram regulamentados como atividade de comércio varejista particular e separada das outras atividades comerciais varejistas.

José Vicente de Faria Lima, Prefeito do Município de São Paulo de acordo com o disposto no artigo 20 da Lei estadual número 9.842 de 19 de setembro de 1967, promulga a seguinte lei:

Art. 1.o – Supermercado é o estabelecimento comercial varejista, explorado por uma única pessoa física ou jurídica, que, adotando o sistema de auto-serviço, expõe e vende no mesmo local, permanentemente, gêneros alimentícios e outros de utilidade na vida doméstica.

§ 1.o – É condição para caracterizar-se como supermercado reunir no estabelecimento, pelo menos, as secções de mercearia, carnes e pescados, verduras, frutas, legumes, frios e laticínios, e que a área de comercialização de gêneros alimentícios ocupe, no mínimo, 2/3 (dois terços) do espaço global destinado à venda de todos os produtos.

§ 2.o – Entende-se por autosserviço o sistema de venda em que o consumidor realiza, por si mesmo, a escolha e provisão dos produtos, efetuando o pagamento ao sair.

Art. 2.o – A exposição e a venda de gêneros alimentícios no supermercado deverão obedecer às condições estabelecidas na legislação pertinente a defesa e proteção da saúde individual e coletiva, no que diz respeito aos alimentos e suas matérias primas.

Art. 3.o – O edifício utilizado pelo supermercado deverá satisfazer os requisitos exigidos pela legislação em vigor, e terá, obrigatoriamente, salão de venda e áreas de serviço.

§ 1.o – As características do salão de vendas obedecerão a legislação relativa às lojas em geral.

§ 2.o – *A área do salão de vendas terá, no mínimo 300,00 m² (trezentos metros quadrados); seu piso será de material resistente, impermeável e não absorvente; e suas paredes, internas e expostas, deverão ter revestimento lavável e não permeável até a altura de 2,00 metros.*

§ 3.o – *As áreas de serviço, unificadas ou subdivididas em secções, serão isoladas do salão de vendas.*

Art. 4.o – *As áreas de serviço do supermercado deverão dispor, pelo menos, de:*

a) *espaço necessário às operações de carga e descarga por veículos de transporte, de maneira que as mesmas não sejam feitas na via pública;*

b) *depósito de mercadorias;*

c) *câmara frigorífica;*

d) *secção de preparo de carnes;*

e) *vestiário providos de lavabos e instalações sanitárias para ambos os sexos.*

§ 1.o – *As paredes da secção de preparo de carnes devem ser revestidas até 2,00 metros de altura, no mínimo, de material lavável e impermeável, como azulejo ou material equivalente, devendo ter pia, com água quente, e ralo no piso.*

§ 2.o – *As instalações sanitárias serão convenientemente isoladas do local de venda e obedecerão às prescrições específicas em vigor.*

Art. 5.o – *É permitida a localização de supermercado nas zonas predominantemente residenciais, a que se refere o artigo 13, letra "b", da Lei nº 4.805, de 29 de setembro de 1955, regulamentada pelo Decreto nº 3.962, de 26 de agosto de 1958 (artigo 19, letra "b", e parágrafo 3.o e 5.o).*

Art. 6.o – *Os estabelecimentos já licenciados e atualmente em funcionamento, que não atendam aos requisitos previstos nesta lei, terão o prazo de 3 (três) anos, a partir de sua vigência, para satisfazerem tais exigências, sob pena de cassação da licença e fechamento.*

Art. 7.o – *Fica extensivo ao supermercado, no que se refere às licenças extraordinárias de antecipação e prorrogação de funcionamento, o disposto nos artigos 3º e 4º do Decreto-lei nº 313, de 30 de novembro de 1945.*

Art. 8.o – *Esta lei entrará em vigor na data de sua publicação, revogadas as disposições em contrário.*

Prefeitura do Município de São Paulo, aos 13 de novembro de 1968, 415º da fundação de São Paulo – O Prefeito, José Vivente de Faria Lima – O Secretário de Negócios Internos e Jurídicos, Teófilo Ribeiro de Andrade Filho – O Secretário das Finanças, Francisco de Paula Quintanilha Ribeiro – O Secretário de Obras, José Meiches – O Secretário de Abastecimento, João Pacheco Chaves.

Publicada na Diretoria do Departamento de Administração do Município de São Paulo, em 13 de novembro de 1968. – o Diretor Paulo Villaça.

A iniciativa paulista seria extrapolada para todo o Brasil e, ainda em novembro de 1968, um dia antes de a lei ser assinada por Faria Lima, a Abras seria fundada, inaugurando uma nova etapa na história do setor.

SUPERESTÓRIAS
Um supermercadista novo no ramo e um pouco ingênuo é assaltado à noite e os ladrões levam toda a mercadoria do depósito da loja.
Um patrício penalizado tenta consolá-lo sobre sua perda.
Ele responde: "Que nada, Joaquim, até que a sorte me ajudou".
"Como assim, retruca o amigo?"
E ele: "Eu ia remarcar os preços hoje. Já pensou. Aí, sim, o prejuízo seria bem maior.

SUPERMORAL
É só uma piada, gente.

CAPÍTULO VI:
SUPERMERCADOS NO BRASIL EM EVOLUÇÃO

*A mesa do escritório é um péssimo lugar
para dirigir um supermercado.
É na área de vendas que tudo acontece.*

Os supermercados se espalharam pelo Brasil de forma relativamente rápida. Mas a robustez que hoje caracteriza o setor – estamos falando no período de lançamento da primeira edição deste livro, de um faturamento próximo de R$ 400 bilhões, algo superior a 5% do PIB brasileiro – levou mais tempo para ser alcançada e se deveu, em grande medida, à organização e à união dos empresários do setor, bem como à permanente troca de experiências e conhecimento entre eles, fruto de ambição e idealismo inato, sem dúvida, marca registrada dos supermercadistas brasileiros.

Tais características ajudam a explicar por que, embora tenha uma essência, a atividade supermercadista, ao longo do tempo, tem se revelado com bem mais do que uma face. O setor não se cansa de dar à luz inúmeros formatos que, no entanto, por mais diferentes que possam parecer, preservam, sempre, o DNA da primeira loja supermercadista criada por Michael Cullen, na década de 1930, nos Estados Unidos.

Mas, na acepção estrita do termo, o que é um supermercado? Desde a sua criação e durante toda a sua disseminação pelo mundo, essas são as características físicas, comerciais e operacionais mais comumente aceitas:

- Vender quase tudo por meio do sistema de autosserviço;
- Todas as mercadorias são precificadas;
- Preços muito competitivos;
- Margens diferenciadas e baixas;

- Exposição de mercadorias em massa;
- Alto giro de mercadorias;
- Vender grandes quantidades (em massa);
- Clientes com liberdade de circulação;
- *Layout* funcional e indutivo;
- Facilidade e rapidez nas compras;
- Alto grau de departamentalização;
- Ambiente motivador para as compras;
- Grande redutor dos custos fixos.

Isso para citar apenas algumas características, possivelmente as mais importantes, porque é possível elencar outras mais.

Além da definição bem detalhada feita por Michael Cullen, o criador do formato em 1930, essa de M. M. Zimmerman, de 1955, é ponto de partida para tantas outras com algumas alterações ou acréscimos: *"Supermercado é um estabelecimento comercial altamente departamentalizado, que comercializa alimentos e outros artigos domésticos, por conta própria ou concessão, e possui um amplo estacionamento. O departamento de mercearia deve ser, obrigatoriamente, trabalhado em autosserviço. A loja deve ter vendas anuais de, no mínimo, US$ 250 mil"*.

Hoje, nos Estados Unidos, a definição ainda serve, porém, o volume de vendas mínimo é de US$ 2 milhões.

No Brasil, não se fala em valores mínimos de venda, mas a maioria das associações estaduais e a Abras falam em "no mínimo, dois *checkouts*". Em 1972, a Abras assim definiu supermercado: *"Estabelecimento varejista que, adotando o autosserviço, expõe e vende no mesmo local, permanentemente, gêneros alimentícios, artigos de consumo imediato e utilidades domésticas, e é explorado por uma pessoa física ou jurídica"*.

DIVERSIDADE

A partir dessa definição, em razão das modificações pelas quais passou o setor ao longo do tempo, tais como área de vendas mínima, número de *checkouts* etc., novas definições foram surgindo. Em meu livro *Glossário Ascar de Termos Supermercadistas*", de 2013 (reeditado em 2017), defino supermercado da forma que considero a mais abrangente possível, mas também proponho definições específicas às suas muitas variações.

- **Supermercado:** em termos genéricos, é uma loja de alimentos que vende em autosserviço, com dois ou mais *checkouts*, e opera, no mínimo, as quatro seções básicas de alimentos. Difere-se das lojas que focam preço, como as de desconto ou econômicas (Clubes ou LSL), e das lojas de venda em massa, como os hipermercados.
- **Supermercado compacto:** é a loja de alimentação, em autosserviço, mais adaptada a pequenas cidades e bairros de grandes cidades. Tem de 300 a 800 metros quadrados de área de vendas e 6 mil itens em linha, com pouca oferta de bazar. É também a loja de vizinhança e de compra semanal da sua localidade.
- **Supermercado de proximidade:** é a loja do dia a dia. Conveniente pelo pequeno tamanho (de 150 m² a 400 m²) e por estar bem perto do cliente, a poucos passos de distância, muitas vezes. Seu poder de atração é a comodidade/proximidade, não dispondo de muitos outros atributos competitivos. Por exemplo, não tem um grande sortimento, apenas o básico, e os preços não costumam ser em conta.
- **Supermercado econômico (de desconto):** é todo o formato de loja supermercadista com foco em preço baixo e com um sortimento mais limitado de produtos. Trabalha com alto volume de vendas e custos operacionais baixos para compensar sua estreita margem de lucro. Exemplos de formatos desse tipo de loja são: lojas de sortimento limitado, clubes atacadistas, loja-depósito e atacado misto (*cash & carry*).
- **Supermercado *gourmet*:** é um supermercado especial com refinada linha de produtos, muitos importados, ampla variedade e sortimento, serviço e atendimento de qualidade e um ambiente agradável para as compras. Apesar de mais caro, apresenta ótima proposta de valor. É o que apresenta as melhores soluções de refeição e produtos processados.
- **Supermercado tradicional (convencional):** é o nosso modelo original, que surgiu em 1930, com área de venda de 800 m² a 2.500 m². Opera, pelo menos, as cinco tradicionais seções de uma loja: mercearia, carnes, frutas e verduras, frios e laticínios e bazar. Com cerca de 12 mil itens, vende a preços que não costumam ser altos nem baixos. É a loja de compras da semana, o formato que apresenta o maior equilíbrio entre sua proposta de servir, suas características e as necessidades de alimentação dos consumidores. É o formato mais equilibrado para a venda de alimentos.

Depois de nos familiarizarmos com todas essas definições e conceitos, que ainda não foram nos detalhes de toda a multiplicidade existente no setor no Brasil, mas servem de base para entendermos sua evolução, por aqui, podemos voltar à história da expansão do varejo de alimentos de autosserviço.

O surgimento de outros formatos de varejo alimentar será considerado no capítulo seguinte.

O CRESCIMENTO DO FORMATO

O sucesso e o consequente crescimento dos supermercados, no Brasil, se deveram à sua capacidade de gerar benefícios em larga escala a todo o ecossistema produtivo em que se insere. Não apenas os consumidores perceberam as vantagens dos supermercados, mas vários segmentos econômicos se beneficiaram — e ainda se beneficiam — do seu desenvolvimento e do aumento de sua importância no sistema de distribuição de alimentos.

A indústria de alimentos, a de higiene e a de limpeza, entre outras, têm, sistematicamente, remodelado e aprimorado suas estruturas de vendas e de recursos humanos. Também se beneficiaram e se beneficiam os segmentos de logística, a indústria de embalagens, e houve uma intensa busca, de todos os fornecedores, por novos produtos adaptados à técnica de venda pelo autosserviço.

A natureza integrativa deles fez com que as indústrias relativamente novas tivessem seus produtos e serviços incorporados à atividade com a finalidade de torná-la cada vez mais eficiente. Foi o caso da indústria de informática, cujos sistemas passariam a permear todo o trabalho, dos *checkouts* à retaguarda das lojas, melhorando consideravelmente a gestão.

A publicidade também se desenvolveu, sobretudo ao adotar novas formas de *merchandising* e aperfeiçoar o trabalho de comunicação de massa. Tudo foi se desenvolvendo à medida que crescia o número de lojas de supermercado em todo o território nacional e seu mercado consumidor.

Do lado social, o advento do supermercado traria, num segundo momento, maior eficiência e um baixo custo de distribuição, tornando os preços mais baixos para o consumidor final e dando acessibilidade ao consumo para todas as camadas sociais. Também apresentava lojas mais agradáveis, mais limpas e higiênicas e muito mais bem organizadas. Era, já em seu princípio, uma alternativa, sem dúvida, melhor do que as tradicionais mercearias.

Mérito de pessoas com ideias além de seu tempo, olhando acima do horizonte médio, que vislumbraram a possibilidade de melhor servir aos consumidores. Na época, as características que distinguiam os supermercados de outros formatos de varejo eram, e continuam sendo, a operação em autosserviço, o mínimo de quatro seções e, principalmente, a venda em massa. No início, todas essas características foram simultaneamente adotadas, mas ainda era muito difícil vender barato.

A PEÇA QUE FALTAVA...

Ao longo desta obra, e por meio dos trechos que compartilho com vocês, escrevo que os supermercados, no Brasil, desde o princípio, mostravam-se promissores, mas a grande expansão, a ponto de beneficiar tantos outros atores do ecossistema e, sobretudo, a população, levou algum tempo.

Isso porque, de 1953 a 1967, os supermercados, no Brasil, apresentaram crescimento relativamente lento. Ainda não conseguiam vender barato, como acontecia no mercado norte-americano, porque a economia de mão de obra, aqui, não era tão significativa quanto lá. Os salários dos funcionários brasileiros eram bem menores do que os dos norte-americanos e a adoção do autosserviço, que permitia reduzir o número de funcionários, não tinha, aqui, o mesmo impacto nos custos que tinha lá.

Mas havia pontos que poderiam ser mudados para dar aos supermercados do país o mesmo poder de economia que se obtinha nos Estados Unidos, o que passava por uma mudança tributária.

O Imposto sobre Venda e Consignações (IVC) incidia fortemente sobre cada operação de venda, quaisquer que fossem as margens, o que também impedia os supermercados de venderem mais barato que seus concorrentes. Em grande medida por causa do IVC, nesses primeiros 14 anos, coube aos supermercados brasileiros cumprirem o papel de lojas de elite, oferecendo qualidade, limpeza, bons serviços e bons produtos, mas não preços competitivos. Isso porque as feiras, que não pagavam aluguel nem tinham custos com energia nem impostos, conseguiam ter preços mais baixos.

Somente em 1967, com a mudança tributária que excluía o IVC e instituía o Imposto sobre Circulação de Mercadorias (ICM), foi possível o estímulo à redução de preços e, em consequência, o aumento de vendas. O ICM, calculado sobre o valor agregado e não mais sobre vendas, permitiu reduzir a carga tributária do varejo. Com isso, o desenvolvimento do setor de supermercados deslanchou. Além de servir às classes mais abastadas, passou a servir, também, à classe média e à média baixa. Assim, o crescimento foi acelerado.

De 997 lojas em 1966, saltou para 7.832 estabelecimentos dez anos depois. No mesmo período, a participação desses pontos de venda passou de 5% para quase 60% do valor total das vendas de alimentos no país. Com esses números, a importância dos supermercados na distribuição de alimentos no Brasil estava no mesmo patamar da verificada nos chamados países de primeiro mundo, apesar do pequeno número de lojas, comparativamente.

Já nessa época, olhávamos ávidos para o que acontecia com os supermercados nos Estados Unidos, procurando assimilar suas qualidades na operação e seu aparelho físico. Paralelamente, estávamos igualmente atentos aos movimentos dos hipermercados europeus, em particular, aos dos franceses. Algumas redes já começavam a operar essas grandes superfícies de venda. Apesar de incipiente, o *"cash & carry"*, atacado em autosserviço, já era uma realidade por aqui.

De qualquer forma, os supermercados constituíam o mais importante formato de distribuição de alimentos. Claro que o mundo está e sempre esteve em constante transformação, e assim segue sendo. O mercado também, uma vez que as pessoas desenvolvem diferentes necessidades e anseios e vão em busca de preços, comodidade, proximidade, qualidade e solução de refeição. Assim, com tão variados nichos de consumidores, começa-se, obviamente, a exigir diferentes formatos de loja. Mas sobre isso trataremos, em detalhes, mais à frente, no momento oportuno.

O QUADRO DO CRESCIMENTO

Retroagi tanto quanto pude e lhes apresento (no quadro a seguir) a evolução do número de lojas supermercadistas no Brasil, segundo os censos do antigo Instituto Brasileiro dos Supermercados e, depois, a partir de 1977, por meio de dados da Associação Brasileira de Supermercados (Abras). Também obtive informações do jornal DCI, de 9 de setembro de 1978, entre outras fontes.

Por uma questão de especialidade e confiabilidade, priorizo as análises a partir dos dados da Abras. Procurei dar a maior elasticidade histórica possível aos dados de evolução no número de lojas do setor supermercadista, comparativamente à evolução do número de lojas do autosserviço alimentar, que inclui os supermercados, mas não se restringe só a eles.

Os dados se tornam mais consistentes a partir de 1998, quando Abras e Nielsen passam, efetivamente, a considerar o total das lojas de autosserviço e, desse universo, destaca especificamente o número de lojas dos diversos formatos supermercadistas.

A partir de pesquisas em fontes complementares, procurei fazer, em anos anteriores a 1998, quando possível e, muitas vezes, de forma estimada, a mesma divisão adotada a partir de 1998.

Para melhor compreensão deste quadro, vale explicar que a coluna "1" se refere ao total de lojas do autosserviço, que engloba, além dos supermercados, as tradicionais mercearias com um ou mais *checkouts*, ainda hoje responsáveis pelo maior número de unidades de autosserviço alimentar do país.

A coluna "2" é, efetivamente, o número de supermercados, ou seja, lojas com dois ou mais *checkouts*. A palavra supermercado, aqui, abrange os inúmeros formatos oriundos do conceito original, como hipermercados, lojas de vizinhança etc.

Números de lojas de autosserviço e de supermercados no Brasil:

ANO	1(AS*)	2(S**)	ANO	1(AS*)	2(S**)	ANO	1(AS*)	2(S**)
1963		500	1982	17.313	14.171	2001	69.396	29.603
1964		656	1983	19.474		2002	68.907	29.655
1965		825	1984	21.352		2003	71.372	30.715
1966		997	1985	24.508		2004	71.951	31.368
1967		1.052	1986	27.502		2005	72.884	32.234
1968		1.448	1987	28.463		2006	73.695	32.999
1969	2.647	1.774	1988	31.285		2007	74.602	33.725
1970	3.188	2.527	1989	32.960		2008	75.725	34.652
1971		3.743	1990	33.005	14.200	2009	78.311	35.766
1972	5.048	4.567	1991	33.410	14.700	2010	81.128	37.214
1973		5.130	1992	32.723	15.900	2011	82.010	38.390
1974	8.090	5.489	1993	33.966	16.600	2012	82.572	38.767
1975		5.870	1994	37.543	17.000	2013	83.914	38.752
1976		7.832	1995	41.840	19.900	2014	83.581	38.646
1977		7.848	1996	43.763	20.700	2015	84.547	38.317
1978	11.174		1997	47.847	21.200	2016	89.009	37.685
1979	12.493		1998	51.502	21.800	2017	89.368	38.082
1980	13.646	11.885	1999	55.313	24.112	2018	89.673	38.277
1981	15.692	13.073	2000	61.259	24.220	2019	89.806	38.387

* Autosserviço em geral, ou seja, não apenas supermercados.
** Supermercado e todos os subformatos oriundos dele.

A DISTRIBUIÇÃO DOS SUPERMERCADOS HÁ 50 ANOS

Vale destacar, deste quadro, uma pesquisa que eu mesmo realizei, entre dezembro de 1970 e fevereiro de 1971, quando apurei haver, no Brasil, 3.188 lojas de autosserviço, assim distribuídas em nosso território:

Amazonas	3	Rio Gde. do Note	10	Minas Gerais	330	Rio G. do Sul	390
Pará	39	Paraíba	7	Espírito Santo	41	Mato grosso	52
Rondônia	3	Pernambuco	61	Rio de Janeiro	233	Goiás	45
Maranhão	4	Alagoas	10	São Paulo	1.530	Brasília	42
Piauí	8	Sergipe	3	Paraná	170	Total:	3.188
Ceará	29	Bahia	140	Santa Catarina	38		

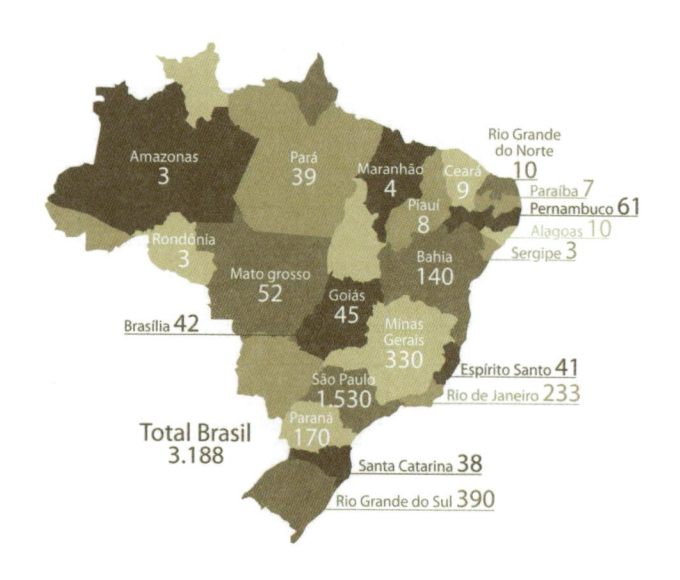

Na distribuição geográfica regional da época (quando São Paulo fazia parte do Sul e o Leste era composto por Rio de Janeiro, Minas Gerais, Espírito Santo, Bahia e Sergipe), os números se apresentaram assim: Norte (45); Nordeste (129); Centro-Oeste (139); Leste (747); Sul (2.128), totalizando 3.188 unidades.

Já em 2019, depois de 49 anos, considerando somente o universo das 935 empresas participantes do Ranking Abras/SuperHiper 2020, o número de lojas declaradas foi de 8.540 unidades, distribuídas da seguinte maneira: Norte (249); Nordeste (984); Centro-Oeste (527); Sudeste (4.413) e Sul (2.367).

FUTURO CADA VEZ MAIS PRESENTE

Em número de unidades e de distribuição geográfica, estamos muito bem. Os supermercados estão espalhados por todo o imenso território brasileiro, em todos os estados e na maioria dos seus municípios. Já temos o que há de melhor em tecnologia. Atualmente, a diferença entre as regiões brasileiras e entre o Brasil e os países mais desenvolvidos é só quantitativa, não mais qualitativa.

Para ampliarmos a quantidade de lojas de supermercados aos níveis dos grandes centros econômicos é apenas uma questão de tempo e de um bom crescimento econômico do país. Estamos abertos para o mundo, importando, exportando e nos posicionando para a modernidade, a bordo de uma estabilidade econômica advinda do Plano Real, lançado em 1994, e, algumas vezes, abalada por uma ou outra crise política ou econômica, como aconteceu recentemente e da qual estamos nos recuperando.

Se o passado foi vitorioso, o futuro do varejo supermercadista parece promissor. Para que esse prognóstico se concretize, valorizar os recursos humanos, ao que tudo indica, é a medida mais importante. Hoje, todos têm acesso às tecnologias: desde as melhores técnicas de departamentalização e elaboração do *layout* até detalhadas informações por produtos. São diferenciais competitivos facilmente copiáveis pelo concorrente vizinho. A informática permite a todos, pequenos ou grandes, modernizar-se e ter dados precisos para controle da operação e tomada de decisões estratégicas. Com todas essas ferramentas, a competição fica mais equilibrada.

O que vai diferenciar uma loja de outra, daqui para frente, será a qualidade dos serviços prestados e a adaptação a seus respectivos nichos de mercado. O melhor caminho para isso é ter um competente quadro de profissionais: pessoas treinadas, motivadas, desenvolvidas, evoluídas e orgulhosas do que fazem, com prazer em servir.

Além das revolucionárias calças Lee e do *Rock & Roll*, as décadas de 1950 e 1960 trouxeram para o Brasil, sem dúvida nenhuma, o mais revolucionário sistema de distribuição de alimentos. A constante atualização das lojas, das redes varejistas, de suas estruturas organizacionais e seu paralelismo com os países mais avançados, bem como a evolução das indústrias de abastecimento e empresas de serviços, são méritos de pioneiros empreendedores que ousaram desenvolver, no Brasil, esse vitorioso e promissor formato varejista.

Nos capítulos seguintes, traremos mais algumas histórias de redes pioneiras, que são um bom exemplo do espírito empreendedor nacional.

SUPERESTÓRIAS
Situação muito divertida ocorreu em novembro de 1997.
Fui fazer uma palestra "Competindo em um novo mercado", na cidade de Miracema do Tocantins, no III Seminário da Cultura do Abacaxi.
O convite era para o José Humberto Pires de Araújo, então presidente da Abras, que impossibilitado de ir me pediu para substituí-lo. Peguei um voo de São Paulo a Palmas e pude conhecer essa nova, planejada e linda capital do estado.
Tive o prazer de ser ciceroneado pelo Expedito Gomes Guimarães Filho, na época presidente da Associação de Supermercados do Tocantins. Para irmos ao evento, seguimos por mais de 130 km em uma estrada de terra, atravessando, de balsa, o Rio Tocantins. Passamos por uma aldeia indígena até chegarmos à cidade de Miracema. Não foi fácil, mas foi uma linda viagem.
Iniciei minha palestra agradecendo o convite recebido. O bem-humorado presidente do seminário levantou-se e se saiu com essa: Dr. Ascar, nós é que agradecemos a sua presença. Convidamos mais de dez palestrantes e só o senhor se dignou a aceitar vir até aqui.

SUPERMORAL
Vá devagar com seus convencimentos.

CAPÍTULO VII:
AS LOCOMOTIVAS DA EXPANSÃO

> Prefira os erros do entusiasmo
> à apatia dos conformados.
> Faça, arrisque, mas não se omita.

A vida me ensinou que as grandes histórias se fazem de pequenas histórias, não importa em que área ou segmento militemos. No varejo, não é diferente. A grandeza das empresas se faz pela grandeza de seus empreendedores e profissionais, que consequentemente engrandecem a história de uma atividade profissional e de todo um segmento.

Pelas histórias dos homens, contam-se as histórias dos empreendimentos e dos segmentos em que atuam. Ao longo desta obra, não abro mão de contar histórias de empresas que, de alguma maneira, simbolizam e resumem o caráter humano dessa atividade produtiva, o "supermercadismo", tão disruptiva quanto algumas jovens tecnologias nos dias de hoje.

Vou contar algumas histórias de empresas que ajudaram a fazer dos supermercados – no passado, uma tremenda novidade –, uma tradição do varejo brasileiro em nossos dias, o que se tornou possível, entre outras razões, graças à exclusão do Imposto sobre Vendas e Consignações (IVC) e a instituição do Imposto sobre Circulação de Mercadorias (ICM). Este, calculado sobre o valor agregado e não mais sobre vendas, permitiu reduzir a carga tributária sobre o varejo e contribuiu com a expansão da atividade supermercadista.

EM BUSCA DAS MELHORES PRÁTICAS

Imigrante português da região de Coimbra, José Pereira Fernandes aportou por aqui em 1954 e, em São Paulo, foi trabalhar em uma mercearia chamada

Barateiro. No ano seguinte, abriu uma banca de feira com dois sócios, José Ribeiro Nogueira e Antonio Adelino Pereira Fernandes.

Em 1959, os empreendedores inauguraram a mercearia de secos e molhados J.R. Nogueira e Fernandes. Em seguida, juntaram-se mais dois irmãos e dois primos à sociedade que consistia, na ocasião, em uma loja no bairro paulista de Vila Mariana, na rua Domingos de Moraes.

No início dos anos 1960, os sócios abriram a primeira filial na rua Pamplona, no Jardim Paulista. Surgia, assim, a rede Barateiro, que, logo, adotou o sistema de autosserviço. Nogueira e Fernandes percebiam que era necessário se organizar para crescer. Para tal, procuram mais um sócio, o contador que fazia a escrita das lojas, João Fernandes d'Almeida, que também era executivo de administração da Willys-Overland do Brasil.

Na década de 1960, no Brasil, a referência supermercadista eram as lojas da rede Peg-Pag. Seus profissionais eram disputados e contratados a peso de ouro. Assim, alguns deles foram trazidos para o Barateiro.

João Fernandes d'Almeida Filho, filho do João Fernandes, conta: "Em muitos domingos, meu pai nos levava, eu e meu irmão Edgard, para alguma loja, para entender esse crescente ramo do varejo, ver o trabalho de reposição e melhoria da loja para melhor atender os clientes na segunda-feira".

O Barateiro, em 1971, já tinha oito lojas e viria a adquirir a rede Olympia ainda nessa década, dobrando o número de unidades. Chegou a ter mais de 5 mil funcionários, atuando com 32 lojas distribuídas pela cidade de São Paulo, Diadema, Santo André, Ribeirão Pires, Guarulhos, Cotia, Itatiba, Atibaia e Itu. Tinha, também, terminal no Ceasa e um depósito central. Em 1998, o Grupo Pão de Açúcar adquiriu as 32 lojas do Barateiro.

Vale destacar, ainda, que João Fernandes d'Almeida participou ativamente da montagem da Associação Paulista de Supermercados (Apas), juntamente com Antonio Bernardes, do Peg-Pag, e o saudoso William Eid, da rede Gigante. Sobre a Apas, ainda destaco uma curiosidade pessoal: em 1975, cheguei a ser membro do Conselho Deliberativo da entidade.

A GRANDE ESCOLA DE HIPERMERCADOS

O grupo francês Carrefour chegou ao Brasil já como o segundo maior do segmento no mundo. Foi uma das primeiras redes estrangeiras a operar no país, logo após a japonesa Yaohan. O Carrefour inaugurou seu primeiro hipermercado na França em 15 de junho de 1963, em Sainte-Geneviève-des-Bois, a 30 quilômetros ao sul de Paris. No Brasil, abriu seu primeiro hipermercado em 1975, na cidade de São Paulo, na Marginal do Rio Pinheiros, no bairro Chácara Santo Antônio. A unidade tinha 11.000 m² de área de vendas.

Considero o Carrefour, e seus hipermercados, o terceiro grande marco divisório do "supermercadismo" do país. Os outros dois tinham sido o Peg-Pag e o Grupo Pão de Açúcar. Por causa do Carrefour, a maior parte das empresas do mercado passou a rever seus conceitos de loja e a buscar crescimento por meio do formato hipermercadista.

Apesar da fama que alcançou rapidamente, o Carrefour não foi a rede que abriu o primeiro hipermercado do país. Esse mérito coube ao Peg-Pag, que, em março 1971, abriu um hipermercado de 3.500 m² de área de vendas em São José dos Campos (SP). O Pão de Açúcar, com a bandeira Jumbo, abriu o segundo, em Santo André (SP), no dia 28 de maio de 1971. A loja tinha 6.500 m².

Porém, quando chegou, o Carrefour rapidamente virou aqui sinônimo de hipermercado, porque trouxe uma série de inovações, como a gestão descentralizada. Suas lojas eram chamadas de "autônomas", por não necessitarem de auxílio de depósito central e tampouco de sede administrativa central. Assim, a empresa como um todo tinha custos centrais comparativos bem menores. Em termos de exposição de confecções, inovou ao trazer a ideia de uma exposição frontal nas suas gôndolas desses produtos têxteis.

O modelo deu muito certo. Se não foi pioneiro, o Carrefour foi responsável pela febre hipermercadista no Brasil. Empresas de várias regiões começaram a abrir hipermercados, inspiradas nessa rede francesa, cujo segundo hipermercado em terras brasileiras foi inaugurado em 1976, no Rio de Janeiro (RJ), na Barra da Tijuca, um ano depois da abertura da primeira unidade no País.

Em 1980, a rede lançou uma campanha inédita no Brasil, "o Compromisso Público", documento registrado em cartório que garantia o menor preço ou a diferença de volta direto no caixa. Por tudo isso, o Carrefour teve um rápido crescimento por todo o território nacional com seus hipermercados. Inovaram, também, introduzindo pequenos centros comerciais na área denominada extra *checkout* e postos de gasolina anexos às lojas, além de passarem a operar drogarias. Mas, como tudo na vida, o sucesso do seu modelo não seria eterno.

A partir da década de 1990, os hipermercados começaram a ter problemas. Com uma economia mais estável, câmbio menos volátil e inflação sob controle, muitas vantagens competitivas dos hipermercados se esvaneceram. Por outro lado, as desvantagens, tais como distância, falta de conveniência e praticidade, por exemplo, ganharam ênfase. O Carrefour, então, entrou no formato supermercado, com a aquisição de várias redes pelo Brasil, como o Planaltão, Continente, Dallas, Rainha e Mineirão. Mesmo assim, não alcançava o sucesso de seus primeiros anos, quando atuava apenas com os hipermercados.

A volta por cima, contudo, começaria no fim da primeira década dos anos 2000, ao entrar no formato "atacarejo", com a aquisição de uma rede atacadista em autosserviço, o Atacadão. A compra foi uma cartada de mestre, já que, na época, a empresa vivia seu momento mais crítico em terras brasileiras desde a sua chegada. De lá para cá, os números da empresa têm melhorado e ela segue diversificando sua atuação no varejo supermercadista brasileiro. Por exemplo, com o crescimento dos formatos de vizinhança, a rede trouxe para o Brasil a bandeira Carrefour Express.

RAÍZES NO INTERIOR DE SERGIPE

Antes de ser Bompreço, o negócio de Pedro Paes Mendonça, irmão de Mamede Paes Mendonça, chamava-se Pedro Paes Mendonça e Companhia, e constituía-se de diversos negócios, alguns comércios, incluindo atacado, e até uma usina de beneficiamento de arroz. Tudo isso, que estava espalhado em algumas regiões do estado sergipano, havia nascido em 1935, de uma pequena mercearia, localizada em Serra do Machado, um modesto povoado do município de Ribeirópolis (SE).

Mas o grande *boom* do negócio da família aconteceria com o filho de Pedro, João Carlos Paes Mendonça, sócio do pai na empresa e o responsável por levar, em 1966, o varejo da família para o bairro da Casa Amarela, em Recife, capital pernambucana, não como uma mercearia, mas já como supermercado. Na fachada da primeira loja, estava o nome da marca que seria expandida e se tornaria a maior empresa de varejo de alimentos do Nordeste e uma das maiores do país por um bom tempo: Bompreço.

A primeira loja do Bompreço tinha 518 m² de área de vendas e utilizava equipamentos refrigerados da Siam. Três décadas depois, o Bompreço já operava 93 lojas e tinha quase 15 mil funcionários. Em 2004, com 118 lojas, a rede foi vendida ao grupo americano Walmart, porém, até hoje, a marca existe e continua forte.

O PIONEIRISMO NO INTERIOR PAULISTA

Na década de 1950, João Sanzovo decide montar seu próprio negócio, usando a experiência adquirida nos anos anteriores, como comerciante, e entra no ramo de atacado de gêneros alimentícios com seus filhos.

O negócio, que viria a se tornar uma grande empresa de varejo em alguns anos, é aberto na cidade de Jaú, interior de São Paulo, na Rua Quintino Bocaiúva, e seria operado, a princípio, por apenas quatro funcionários, além de seus filhos. O atacado de Sanzovo tinha, como frota, dois caminhões e uma caminhonete.

Em 10 de outubro de 1964, a família Sanzovo inaugura seu primeiro supermercado, o primeiro, também, da região central do estado de São Paulo. Seu nome é preservado até os dias de hoje: Supermercado Jaú Serve. A loja ficava na rua Humaitá, 779, na mesma cidade de Jaú. Tinha 400 metros quadrados de área de vendas, três *checkouts* e 15 funcionários. Seu lema era: "Tradição em bem servir".

A rede tem, hoje, 4,2 mil funcionários, 33 lojas distribuídas em 14 municípios paulistas, como Jaú, Araraquara, Barra Bonita, São Manuel, Avaré, Piracicaba, entre outros. A missão do Jaú Serve é "promover bem-estar através da venda de produtos e prestação de serviços que satisfaçam as necessidades dos consumidores".

PAES MENDONÇA, A REDE DO EMBLEMÁTICO "SEU MAMEDE"

Ele era conhecido como o rei do Nordeste, dono de uma das maiores redes varejistas do país. A sede do grupo era Salvador e a empresa chegou a ser a terceira maior rede do Brasil no início dos anos 1990, operando, nessa década, 132 lojas, entre hipermercados e supermercados, em três estados brasileiros: Bahia, São Paulo e Rio de Janeiro. Sua primeira loja foi aberta em 1959, na Bahia.

Falo do sergipano Mamede Paes Mendonça, o Seu Mamede, que começou sua vida como agricultor, tendo a enxada como principal instrumento, no povoado de Serra do Machado, em Sergipe. Aos 21 anos, mudou-se para o centro de Ribeirópolis, município que abrange Serra do Machado, mas cujo centro fica a sete quilômetros desse povoado. Lá, com o irmão Euclides, Seu Mamede abriu uma padaria em 1936. Daí, só cresceu. Partiu para um armazém de secos e molhados na mesma cidade. Em seguida, foi para Aracajú e, em 1951, já em Salvador, abriu sozinho o seu armazém de secos e molhados.

Era hábil e nato comerciante, com pouca instrução formal, mas um carisma e uma simpatia contagiantes. Trabalhava sempre perto dos seus funcionários. Na primeira vez que o visitei em Salvador, já um próspero e rico varejista, encontrei-o numa mesa perto da saída dos funcionários e, pasmem, de vez em quando, éramos interrompidos, em nossa conversa, por um deles, pedindo um vale a Seu Mamede, que resolvia isso na hora. Foi assíduo viajante ao exterior para conhecer o varejo de fora, mas sem falar outra língua que o português. Viajamos muitas vezes juntos e era uma agradável companhia. Para mim, foi a figura mais folclórica e mais emblemática do nosso ramo.

O seu grande mal foi não profissionalizar a empresa, trabalhando em cargos executivos só com membros da sua família. Em 1993, tinha 51 lojas. E, em 1998, operava 26 lojas e acabava de vender sua operação no Rio e em São Paulo. Em 1999, já não existia a empresa daquele que foi considerado o rei do Nordeste e chegou a ser a terceira maior rede brasileira.

INDO MAIS PARA O SUL

Esta é uma história de sucesso mais recente. A família Koch, da cidade catarinense de Antônio Carlos, iniciou sua trajetória varejista como feirante na Grande Florianópolis, isso nos idos de 1982.

O êxito na produção e venda de hortifrúti impulsionou José Koch e seus quatro irmãos (Sebastião, Antônio, Albano e Geraldo) a diversificar e ampliar seus negócios. Foi assim que, em setembro de 1994, a família inaugurou o primeiro supermercado Koch com 600 metros quadrados de área de vendas e 6 *checkouts* em Tijucas, ao norte da capital. A segunda loja, já com 3.000 metros quadrados e 20 *checkouts*, foi inaugurada em novembro de 1999, nessa mesma cidade.

Em maio de 2016, a empresa inaugurou seu primeiro "atacarejo" com a bandeira Komprão Koch Atacadista, na cidade de Camboriú (SC). Uma loja com 2.000 metros quadrados de área de vendas e 14 *checkouts*.

Há alguns anos, organizei para eles uma viagem de estudos à Europa – com a participação do presidente José Koch e do diretor administrativo, Alexandre Quadros –, onde focamos o aprendizado do *hard discount*, lojas agressivas em preços de venda. Assim, eles falaram sobre o que trouxeram de lá:

"Entendemos que uma empresa de varejo precisa operar com custo baixo, independentemente do seu posicionamento. Produtividade é a palavra de ordem no varejo. Precisamos vender produtos de qualidade com preços baixos, preservando um saudável Ebitda. A logística tem que ser eficiente. Para o hard discount, um bom sistema comercial-operacional é imprescindível. Temos que criar um modelo de gestão que seja multiplicável, permitindo um crescimento acelerado".

O aprendizado fez crescer as lojas de "atacarejo" da rede que, hoje, chegou rapidamente a 18 unidades. Opera também 16 supermercados e já está, após 26 anos, entre as 20 maiores empresas supermercadistas do Brasil, conforme o Ranking Abras/SuperHiper de 2020.

UM MARCO DIVISÓRIO DO VAREJO NACIONAL

Nascido em 1913 na pequena Aldeia de Pomares, Distrito da Guarda ao norte de Portugal, aos 16 anos o jovem Valentim dos Santos Diniz, no ano da maior crise econômica do mundo, 1929, embarcou para o Brasil em busca do seu sonho. Começou trabalhando em uma mercearia na Av. Brigadeiro Luiz Antônio, na capital paulista, e economizou muito para, em 1936, abrir seu próprio empório.

Em 1937, vendeu seu negócio por sete contos de réis e associou-se a seu antigo patrão. Desenvolveram a Padaria Nice, que chegou a ser uma das maiores de São Paulo. Desfez a sociedade em 1947 e, no ano seguinte, em 7 de setembro, fundou a Doceira Pão de Açúcar, na mesma avenida. Dez anos depois, já operava cinco doceiras na cidade e havia comprado um terreno, ao lado da primeira, na mesma Av. Brigadeiro Luiz Antônio, onde pretendia construir um cinema.

Seu filho Abílio, no entanto, conseguiu convencê-lo a entrar em um novo e promissor negócio. Assim, em 15 de abril de 1959, foi inaugurado, no número 3.126, o primeiro supermercado Pão de Açúcar, em vez de um cinema. O gerente da loja foi o Valadão, trazido da rede Sirva-se.

Os primeiros três anos foram de estudos e capitalização e, a partir daí, o crescimento começou. Entrei no grupo em 23 de novembro de 1965, quando operávamos sete lojas. Nesse mesmo ano, fomos para nove unidades, com a compra das duas lojas do pioneiro Sirva-se. A negociação melhorou a qualidade da nossa operação e conferiu grande respeito ao Pão de Açúcar por parte do mercado. No fim da década de 1960, a empresa já operava 55 lojas.

A década de 1970 foi de grande crescimento para a empresa, com compras de inúmeras redes pequenas, médias e grandes. O foco no crescimento era total e o ápice desse processo de investimento em expansão foi alcançado com a compra da rede Eletroradiobraz, em 1975, quando a empresa dobrou de tamanho, e, depois, com a compra do Peg-Pag, em 1978. Tive o privilégio de assumir a gestão dessas duas empresas na época das compras das redes.

Nessa década, o grupo tinha aberto supermercados em Portugal e hipermercados em Madri e Angola. Também foi louvável, por parte do Pão de Açúcar, a abertura, em 28 de março de 1971, em Santo André (SP), do segundo hipermercado do Brasil. Um mês antes, o Peg-Pag tinha aberto o seu em São José dos Campos.

O Grupo Pão de Açúcar foi o segundo grande marco divisório do varejo alimentício brasileiro. Não era mais o Peg-Pag, a rede inovadora. Todos olhavam o que o "Pão" fazia. Vinha gente de todo o Brasil conhecer as novidades que desenvolvíamos.

Na década de 1980, a empresa abriu o leque de formatos ao passar a operar, além dos supermercados e hipermercados, restaurantes, lojas de departamentos, lojas de sortimento limitado (*hard discount*), lojas-depósito, bricolagem (*do it yourself*), banco, magazines, enfim, chegou a ser a maior varejista do Brasil, mas sempre tendo como foco principal a área de alimentação. O Abilio chegava a dizer que a rede era a maior, não só do Brasil, mas do Hemisfério Sul. Hoje, o controle acionário é do grupo francês Casino, um dos top 20 do varejo alimentício mundial.

UMA HISTÓRIA REAL DO RIO GRANDE DO SUL

Tudo começou em 1922, quando o jovem português Joaquim Oliveira abriu um armazém de secos e molhados na cidade de Pelotas, no Rio Grande do Sul, com o nome Tirafogo. Havia chegado de Portugal em 1913, ainda jovem, com 13 anos. Seu negócio cresceu e transformou-se em um grande atacado.

O crescimento trouxe a empresa para a capital do estado, Porto Alegre. Oliveira, então, destacou seu genro, o americano Don Charles Bird, para tocar a operação. Este, encantado com o formato supermercado, que conhecia de seu país de origem, juntou-se à mulher Necy e ao cunhado Ivon de Oliveira e, assim, desenvolveram o que seria o primeiro supermercado do Sul do país.

Antes, porém, viajaram para São Paulo para conhecer um pouco mais o varejo. Como não havia fabricantes para os equipamentos, foram ajudados por uma empresa de refrigeração, a Steigleder, a desenvolver balcões refrigeradores para autosserviço, a partir de manuais que trouxe dos Estados Unidos. Tiveram grande ajuda, de novo, da NCR, fabricante das máquinas registradoras. A maioria dos outros móveis, prateleiras e *checkouts* foi produzida por eles mesmos.

A loja foi inaugurada em 18 de novembro de 1953, com 250 metros quadrados de área de vendas e quatro *checkouts*. O nome escolhido foi Real, que dava uma conotação de nobreza e de prestígio. Localizava-se na esquina da avenida Brasil com a avenida Benjamin Constant. Conta Bird que um tio lhe dizia: "Don, o sonho de todo varejista é se tornar um atacadista e você quer justamente o contrário". Abriram uma segunda loja na Azenha e, em 1958, já operavam três lojas.

Em seguida, começaram a comprar alguns pequenos concorrentes. Essa era, e ainda é, a forma mais rápida de crescer. Em 1989, estavam operando 68 lojas em três estados brasileiros, Rio Grande do Sul, Paraná e São Paulo, e já era a maior rede do Sul do país.

Em 1997, com a morte de seu idealizador, o negócio foi totalmente vendido a um dos maiores grupos varejistas de Portugal, o Grupo Sonae.

UM EXEMPLO DE QUALIDADE: A HISTÓRIA DA CASA SANTA LUZIA

Escrever sobre esse especialíssimo supermercado é mostrar a vocês como começou, no Brasil, o Supermercado Gourmet, formato hoje muito em voga no mundo todo. É também mostrar aquele que, a meu ver, atualmente, é o melhor supermercado do Brasil.

Aos 23 anos, oriundo da freguesia de Figueiró dos Vinhos, no centro de Portugal, Daniel Lopes chegava ao Brasil. Foi para o interior do estado de São Paulo, para a cidade de Quatá, onde conheceu Lucia Rignato, com quem se casaria e teria cinco filhos: Olímpia, Rosalina, Alzira, Elza e Álvaro.

Lopes deixaria Quatá e viria para a capital paulista no início dos anos 1920. Após uma breve experiência tocando uma mercearia, o empreendedor português alugaria um imóvel na esquina da rua Augusta com a Oscar Freire. Em 13 de dezembro de 1926, Lopes abre seu novo empório e o chama de Casa Santa Luzia.

A qualidade dos serviços e dos produtos, de pronto, faz da loja destaque em qualidade, o melhor local para a compra de alimentos da cidade. Uma reforma, em 1967, transforma-a em um pequeno supermercado, com duas caixas registradoras e muitos produtos importados. O fundador veio a falecer em 1971, com 82 anos, mas deixou para os sócios e herdeiros suas orientações e conselhos de como manter e tocar o negócio, que prevalece até hoje:

1. Nunca transformem a marca em rede. Só operem uma loja com muita qualidade.
2. Para tal, o olho do dono é necessário.
3. Procurem sempre ser o primeiro. Do segundo ao último não há diferença.
4. Não diversifiquem, fiquem naquilo que vocês entendem.
5. Tenham sempre em linha o que o cliente quer comprar e não o que você quer vender.

Após muitos anos de excelentes serviços prestados à população, eles decidem crescer e compram imóveis na mesma rua. Depois de demolidos os imóveis, uma grande loja, com 800 m² de área de vendas, é construída e inaugurada em 3 de novembro de 1981, na rua Oscar Freire, 1.471.

Assim, a Casa Santa Luzia saiu de 187 m² para 800 m², tornando-se definitivamente um supermercado, o melhor de São Paulo e, talvez, do Brasil. "Algumas semanas depois da inauguração, os sócios mandaram rezar uma missa: era 13 de dezembro, dia de Santa Luzia", segundo o livro de 2013 "Casa Santa Luzia", de Bartaburu Xavier.

Mas as expansões teriam novos capítulos: em 2000, a loja dobraria de tamanho e, em 2004, em nova reforma, a área de vendas chegaria a 2.440 m², ganhando um mezanino com alimentos especiais, uma cafeteria e, no térreo, uma enorme seção de rotisseria e pratos prontos, passando a comercializar cerca de 20 mil itens. O fato é que, apesar das expansões, o Santa Luzia continua a ser uma só loja, preservando-se fiel aos conselhos de seu fundador.

O TALENTO DE ARTHUR SENDAS

Com a morte de seu pai Manuel Antonio Sendas, em 1951, seu terceiro filho, Arthur Antonio Sendas, entra no varejo, aos 16 anos, para ajudar a família, que operava a mercearia Transmontano, em São João de Meriti, no estado do Rio de Janeiro. Sob seu comando, a mercearia muda de nome, passando a se chamar Casas Sendas e, em 16 de fevereiro de 1960, também em São João do Meriti, abre seu primeiro supermercado, no bairro de São Mateus.

Na década de 1960, por meio do formato supermercadista, sobretudo, a empresa experimentaria uma forte expansão. Em alguns anos, a mercearia vira uma rede de supermercados e passa a operar dezenas de lojas, cujos imóveis eram da própria família Sendas, o que lhes permitia projetar as unidades com total autonomia.

A diversificação foi uma das marcas da empresa fluminense, que ingressou em outros modelos de varejo: com a bandeira Bom Marché, atuou como hipermercado e, com a Casa Show, operou no setor de material de construção.

O Grupo Sendas teria a maior rede de varejo de alimentos do Rio de Janeiro. Em 1999, estava com 82 lojas e era a quinta maior do Brasil. Em 2003, o Pão de Açúcar adquiriu 42% do controle acionário do Sendas e iniciou uma parceria com o grupo fluminense. Sempre atuante no setor, Arthur Sendas presidiu a Abras no fim dos anos 1980, bem como o Conselho Consultivo da entidade, de 1991 a 1994. Foi um exemplo de empresário e de homem bom e caridoso.

A VOCAÇÃO NEM A GUERRA IMPEDIU

A história do Sé Supermercados confunde-se com a história de vida de seu fundador, Manuel da Silva Sé. Nascido em 6 de setembro de 1915, filho de família humilde, trabalhou na lavoura na Ilha da Madeira, durante a infância e adolescência. Mudou-se para Funchal, capital da Ilha, onde durante quatro anos, com um tio que possuía uma pequena mercearia, iniciou suas atividades no comércio. Em 1937, adquiriu uma pequena mercearia, ali permanecendo até 1939, quando foi deflagrada a Segunda Guerra Mundial. Seu estabelecimento prosperava, mas, em virtude da nova fase política, resolveu vendê-lo e embarcar para o Brasil.

No dia 15 de outubro de 1939, vindo pelo navio Neptúnia, chegou a Santos e foi se estabelecer na cidade de São José do Rio Preto, no estado de São Paulo. Hospedou-se em uma pensão, onde acabou trabalhando como garçom durante oito meses. Mudou-se para Tanabi, cidade entre São José do Rio Preto e Votuporanga, e em 1940 conheceu o sr. Antônio Dias, dono de um armazém de secos e molhados naquela mesma cidade. Foi convidado a trabalhar com o comerciante e, assim, finalmente, conseguiu voltar ao comércio, onde realmente gostava de atuar.

Começou como gerente de uma filial na cidade de Cosmorama. Em 1942, foi convidado a se tornar sócio da empresa, que passou a se chamar Dias e Sé. Em 1954, Antônio Dias e Manuel Sé acharam por bem desfazer a sociedade. No final do mesmo ano, mais precisamente em 10 de dezembro, constituiu a empresa Gonçalves Sé S/A Comércio e Importação, em sociedade com seu cunhado, Antônio Gonçalves, com escritório-sede em São Paulo, na rua Paula Souza, e um armazém em Maringá (PR).

A empresa cresce e abre armazéns em várias cidades do estado de São Paulo, como Araraquara, São José do Rio Preto e na própria capital paulista. No início da década de 1960, os armazéns são transformados em supermercados. Em 1961, um supermercado Gonçalves Sé é inaugurado na rua Pinheiros, também na capital paulista, e em 1968 a empresa abre sua mais famosa loja na Praça Panamericana, na região do bairro Alto de Pinheiros.

Em 1975, a Família Sé comprou a participação da Família Gonçalves e, a partir de então, a empresa passou a denominar-se SÉ S/A Comércio e Importação. O nome fantasia passou a ser Sé Supermercados. Em seguida, vieram novas lojas em outras cidades do estado de São Paulo, como São José dos Campos, Mogi das Cruzes, Franca, Santa Bárbara, Alphaville (Barueri), Rio Claro e Indaiatuba, bem como novas lojas em outros bairros da capital: Campo Limpo, Raposo Tavares, Jardim Sul e Tatuapé.

Em 1991, iniciou-se o processo de profissionalização da empresa com a criação do Conselho Administrativo, comandado pelo fundador e seus filhos, Antônio Sé e Carlos Aurélio Sé. Manuel Sé ficou na presidência da diretoria executiva até 1994, quando passou o comando para o seu primeiro executivo profissional, Peter Hardtmeier.

Manuel viria a falecer em 1995 e, em 1997, o Conselho Administrativo achou por bem vender a empresa para a Itaperuna Participações, empresa do Grupo Garantia. Essa, em 1998, passa o controle acionário para o grupo português Jerônimo Martins, que em 2002 vendeu a rede ao Grupo Pão de Açúcar.

Além dos já citados anteriormente, é preciso também lembrar de outros e não menos importantes pioneiros que ajudaram a consolidar os supermercados neste país, e que contribuíram com suas trajetórias de sucesso e pioneirismo:

- Gentil Barbosa, de Sergipe, da rede GBarbosa.
- Giácomo Zaffari, da rede Zaffari, de Porto Alegre.
- José Luiz Demeterco, fundador do Demeterco, do Paraná.
- Pedro Bencz, do Riachuelo, de Santa Catarina.
- Irmãos Ximenes, do Mercantil São José, do Ceará.
- Os irmãos Venâncio, Waldemar e Climério Velloso, da Casas da Banha, no Rio.
- Ailton Messias, da Comercial Messias, da Bahia.

A UNIÃO SUPERMERCADISTA QUE FRUTIFICOU A ABRAS

Um segmento em franco e inabalável crescimento, que ao mesmo tempo proporcionava expansão em larga escala a todo o seu ecossistema, a cadeia de abastecimento de alimentos. Eis o que os supermercados passaram a representar ao país a partir da década de 1960.

Diante desse quadro, nada mais natural do que suas lideranças empresariais se organizarem institucionalmente, passando a pleitear mais oportunidades de contribuir com a economia do país. Apesar dos avanços, os empresários viam que podiam fazer muito mais. Precisavam, contudo, fazer-se representar institucionalmente para participar também da definição das regras do jogo. Assim, começam a unir-se em entidades de classe. A primeira dessas entidades nasceu no estado de São Paulo, como registra a obra Abras – 40 Anos de Supermercados no Brasil", de 1993:

"Dez anos após a implantação das primeiras lojas, os supermercadistas da capital paulista decidiram organizar uma entidade que os representasse na defesa de seus interesses de classe. No dia 10 de outubro 1963, reunidos no escritório da Caixa Registradoras National [tinha que ser lá], na avenida Ipiranga, 795, 2º andar, coordenados por Fernando Pacheco de Castro, pouco mais de vinte proprietários e diretores de pequenas, médias e grandes empresas – entre elas, os supermercados Tip-Top, Serve-Lev, Astro, Kitano, Lev-Pag, Sirva-se, Peg-Pag, Pão de Açúcar, Eletroradiobraz, Gonçalves Sé e Sogar S.A. – fundaram a Associação Profissional do Comércio Varejista das Empresas de Supermercados do estado de São Paulo [APCVESESP].

Em 12 de novembro de 1963, após a aprovação do estatuto, foi eleita a primeira diretoria, com mandato de dois anos, composta por Fernando Pacheco de Castro, Hermínio Ferreira Netto, Abilio dos Santos Diniz, Antonio R. Suzano e Rubens Simonsen. Os suplentes eram Severino Mardegan, Luciano Schwartz, Urbano Lopes da Silva, João da Silva Sé e Laert Correa. O conselho fiscal foi composto por Philippe Allain, Joaquim Eugênio Macedo, Carlos Morita e Gregório Barros." **(extraído de Abras - 40 Anos de Supermercado no País, de 1993)**

Ao criar a APCVESESP, os supermercadistas entendem, e deixam claro, que sua atividade é diferenciada dos demais ramos do comércio e que precisa ser tratada e entendida de forma diferente. Os fundadores da associação dizem que, aos supermercadistas, apresentam-se problemas específicos que pedem laços de solidariedade de todas as empresas envolvidas nessa transformação varejista para ajudar nas soluções.

Abaixo, cito mais um trecho da obra anteriormente referida, que reflete o anseio dos empresários do setor por uma união nacional e não apenas paulista:

"Até 1968, formalmente, a entidade representou os supermercadistas de São Paulo. Na prática, porém, ela se tornara um ponto de referência para os comerciantes de autosserviço do Brasil e, em especial, para os do Sul e Sudeste, regiões nas quais se concentrava o maior número de estabelecimentos. Em diversas oportunidades, incluídas as de reuniões-almoço, durante as quais se prestavam homenagens a fornecedores e autoridades públicas, compareciam quase sempre Don Charles Bird, do Rio Grande do Sul, Ruy Senff, do Paraná, e Miguel Furtado, de Minas Gerais, José Soares de Vasconcelos, do Nordeste, entre outros. Realizados mensalmente na Churrascaria Rubaiyat, na avenida Dr. Vieira de Carvalho, ou no Club da Cidade de São Paulo, na rua Barão de Itapetininga, esses encontros, mais que ocasiões para estreitar as relações de cordialidade, possibilitavam a ampliação das discussões dos problemas específicos do setor.

Em fevereiro de 1968, Fernando Pacheco de Castro, tendo em vista o desenvolvimento das empresas no território nacional, nomeou uma comissão composta por Celso de Almeida Braga, do Peg-Pag, e Antonio Carlos Ascar, do Grupo Pão de Açúcar, para elaborar o estatuto de uma associação que congregasse os supermercadistas de todo o país.

No dia 11 de novembro daquele ano, já instalada na sede da avenida Senador Queirós, 611, edifício da Bolsa de Cereais de São Paulo, a diretoria da primeira associação e representantes de supermercados do interior e de outros estados reuniram-se para organizar a Associação Brasileira dos Supermercados (Abras), cujo objetivo era defender os interesses da classe em âmbito nacional. Estavam representados os supermercados Peg-Pag, Pão de Açúcar, Eletroradiobraz, Gonçalves Sé, Tem Preço, cujo diretor também representava o Paes Mendonça, Bompreço, Brasil, Priniano, Morita, Kitano, Vilex, Ser-Lev, Armazéns Pinguim e a Sociedade Comercial Messias.

Na mesma ocasião, foi eleita a primeira diretoria da Abras, assim composta: presidente, Fernando Pacheco de Castro; vice-presidente, Abilio dos Santos Diniz; secretário, Júlio Casoy; diretor-tesoureiro, Francisco Manoel do Nascimento; diretor administrativo, Lélio Ferrari; e diretores vogais, José Ribeiro Bernardes e Alcides dos Santos Diniz. Os registros dos estatutos da associação foram feitos no dia seguinte. Sua primeira sede seria na rua Senador Queiroz, 611, no segundo andar.

Nesse dia seguinte, 12 de novembro de 1968, considerado no Brasil o Dia Nacional do Supermercado, durante a abertura da Convenção Nacional de Supermercados, realizada no hall do edifício de A Gazeta, na avenida Paulista, 900, em São Paulo, foi empossada a diretoria eleita pelo então secretário de Abastecimento da Prefeitura de São Paulo, João Pacheco Chaves. Completavam-se, desse modo, os referenciais necessários à instituição de uma categoria nacional, a dos empresários dos supermercados." **(extraído de Abras - 40 Anos de Supermercado no País, de 1993)**

SUA EVOLUÇÃO

A Abras continuaria o desenvolvimento de uma estrutura associativa de acordo com a ampliação do número de lojas de supermercado no Brasil que, em 1975, já somava cerca de 6 mil. Ao longo dos anos, foram criadas 27 associações estaduais de supermercados afiliadas à Abras, que representam as empresas do setor em âmbito estadual e defendem seus interesses na esfera pública, regulamentar e também como agente de integração com outros setores da economia, complementares aos supermercados (indústrias, prestadores de serviço, etc.). Tudo isso, sempre de forma participativa e deliberada, com foco na evolução das lojas e em melhor servir os consumidores, razão de ser do negócio.

A Abras atua firme na missão de representar, defender, integrar, impulsionar e desenvolver o setor supermercadista no país. Para tal, criou uma ampla rede de relacionamento com a sociedade, com órgãos de governo e diversas instituições nacionais e internacionais, e viabilizou inúmeras conquistas ao longo dessas cinco décadas. Uma das mais expressivas, e recentes, foi o reconhecimento dos supermercados como atividade essencial para a economia, em agosto de 2017, por meio de decreto presidencial. Essa é uma luta que durara exatos 20 anos.

A entidade criou, também, vários programas de treinamento e desenvolvimento de seus associados e colaboradores, como a Escola Nacional de Supermercados. A partir de 1974, passou a organizar viagens de aprendizado aos Estados Unidos e a vários países europeus, participando das suas convenções e promovendo um extenso programa de visitas a supermercados nesses países. Nas décadas seguintes, o

> Galeria de Presidentes da Abras:
>
> - Fernando Pacheco de Castro (1968-1976)
> - João Carlos Paes Mendonça (1977-1986)
> - Arthur Antônio Sendas (1987-1990)
> - Levy Nogueira (1991-1994)
> - Paulo Celso Dihl Feijó (1995-1998)
> - José Humberto Pires de Araújo (1999-2002)
> - João Carlos de Oliveira (2003-2006)
> - Sussumu Honda (2007-2012)
> - Fernando Teruó Yamada (2013-2016)
> - João Sanzovo (2017-2020)
> - João Carlos Galassi (2021-2024)
>
> Fonte: 50 Anos de Supermercados no Brasil

modelo americano era o mais pesquisado e copiado. Hoje em dia, os europeus têm importância igual para os brasileiros. A ampliação do espaço político da Abras se dá à medida que cresce a importância do setor no abastecimento de alimentos.

SUPERESTÓRIAS

Durante alguns anos, nosso diretor de operações era um exigente e sisudo suíço. Na verdade, era sisudo só no escritório. Mas isso é outra estória.

Éramos e somos ainda muito amigos, o Otto Engeler e eu. Falava português com um forte sotaque alemão e sempre deixava os gerentes apreensivos com suas observações e reclamações.

Um dia, um supervisor de lojas, muito gozador, o José Luiz, estava ligando para as lojas, falando com um sotaque alemão, e dando algumas doidas ordens.

Ele imitava muito bem o Otto. Tudo foi descoberto quando ele, "em alemão", cobrava melhores resultados do gerente Virgílio, da loja de Sorocaba.

No exato instante em que o gerente estava no telefone, o Otto entra na gerência da loja, deixando o Virgílio pasmo e mudo.

Foi aí que tudo se esclareceu e o José Luiz passou um tempo não falando nem alemão nem português em nossas reuniões.

SUPERMORAL

O ocorrido não se transformou em um grande problema, porque o grupo tirou dele só o lado positivo. A brincadeira era sadia, divertida e carinhosa e fez a relação entre todos ser mais amistosa e produtiva.

CAPÍTULO VIII:
SURGEM NOVOS FORMATOS DE LOJA

> Um velho provérbio árabe é uma lição de vida.
> "Eu recebo você de acordo com a sua aparência,
> mas me despeço de acordo com o seu conteúdo."
> Só a fachada da loja não resolve.

Os fatos mais importantes de cada década, desde o surgimento, no Brasil, dos diversos formatos de lojas de alimentação, ou seja, desde a década de 1950 até a década de 2010, orientam este capítulo. Mais detalhes de cada um dos formatos serão apreciados no capítulo seguinte.

Começo completando o quadro já apresentado, no capítulo II: "Os Formatos Pioneiros". Nele, mostrei o surgimento dos inovadores formatos mundiais de varejo até 1916. Agora, mostro o que aconteceu após 1916, sobretudo a partir do surgimento do supermercado, em 1930.

Surgimento dos formatos de varejo

Formatos de Varejo	Varejista	Ano	Local
Supermercado	King Kullen	1930	EUA – 171, Jamaica, av. Long Island – NY
Shopping center (Mall)	SC Northgate	1950	EUA – Seattle – WA
Loja de descontos	Korvette	1950	EUA – Nova York
Loja de departamentos em autosserviço (SSDDS)*	K Mart Walmart	1962 1962	EUA – Detroit EUA – Arkansas
Hipermercado	Meijer	1962	EUA - Grand Rapids
Hipermercado	Carrefour	1963	França – Sainte-Geneviève-de-Bois

Cash & Carry	Metro	1964	Alemanha Mulheim an der Ruhr
Clube atacadista	Price Club	1976	EUA - Califórnia
Loja virtual	Net Market	1994	EUA
Loja sem caixa	Amazon Go	2016	EUA - Seattle

*Em inglês: *Self Service Discount Department Store* (Loja de Departamentos de Desconto em Autosserviço).

Nesse complemento, que vai de 1930 até 2016, todas as lojas apresentadas já são operadas no Brasil. Tomo a liberdade de começar fazendo um breve relato sobre o surgimento de um verdadeiro templo do varejo, o *shopping center*, mesmo que escape um pouco do escopo central desta obra.

Os primeiros *shopping centers* apareceram nos Estados Unidos após a Segunda Guerra Mundial e estão relacionados com o processo de expansão dos subúrbios e com o advento do automóvel. No início, eram *shoppings* abertos, lineares, seus estacionamentos dispunham de vagas suficientes para a demanda, eram ao ar livre e, para gerar fluxo, esses estabelecimentos traziam, como "âncoras", postos de combustível e supermercados.

Muitos estudiosos consideram que o primeiro *shopping center* coberto, o chamado *shopping mall*, foi o Northgate, inaugurado em 1º de maio de 1950, nos arredores da cidade de Seattle, no estado de Washington, noroeste dos Estados Unidos. Este empreendimento comercial foi projetado pelo arquiteto John Graham Jr.

No entanto, devo destacar a existência, desde 1828, de um *shopping* em Providence, no Estado de Rhode Island, chamado de Arcade Providence, que continua operando até hoje.

Já no Brasil, a inauguração do primeiro *shopping mall* deu-se em 27 de novembro de 1966, com o Shopping Center Iguatemi de São Paulo, trazendo, assim, uma nova forma de organização comercial varejista ao país.

Feita essa rápida digressão para contextualizar o surgimento do *shopping* no Brasil, modelo bem-sucedido em nosso país e no mundo que, costumeiramente, tem nas redes supermercadistas um parceiro fundamental, vou agora concentrar-me nos formatos de lojas de alimentação em autosserviço no Brasil.

RECAPITULANDO

Importante lembrar que nos anos 1950 e 1960 os hábitos e costumes eram bem mais simples do que são hoje:

- As pessoas liam apenas um jornal por dia;
- As televisões operavam só 3 ou 4 canais;
- Os sapatos ou eram pretos ou marrons;
- Os jovens se formavam em Medicina, Direito ou Engenharia;
- No Brasil, quase todos tinham, em casa, a ajuda de uma empregada para os serviços gerais;
- Pão e leite eram entregues diariamente em casa ou comprados na leiteria ou padaria mais próxima.

Enfim, a simplicidade da vida daquela época, em relação à vida que levamos hoje, excluía, por exemplo, vários nichos diferentes de mercado. As mercearias, feiras semanais, mercados municipais, quitandas e os primeiros e simples supermercados supriam todas as necessidades de alimentação.

COMEÇAM AS MUDANÇAS

Essa simplicidade da vida vai se enfraquecendo e dá lugar a inúmeras novas profissões, muita competição, televisões com mais de 100 canais e, principalmente, as famílias começam a ficar mais complexas e exigentes com uma enorme variedade de desejos e necessidades a serem satisfeitos. O conceito de nichos de mercado se potencializa e surgem muitas formas diferentes de tratar diferentes pessoas.

O quadro a seguir mostra as invenções que vieram facilitar, num primeiro momento, a vida das donas de casa norte-americanas. Mais do que isso, transformaram o mercado de consumo daquele país, e em breve chegariam a outros lugares do mundo, incluindo o Brasil, fazendo o mesmo pelas nossas donas de casa, e mexeriam, igualmente, com o nosso mercado de consumo.

O surgimento dessas inúmeras novidades, mostradas neste quadro, promoveu mudanças nos hábitos alimentares e alterou a forma de se preparar os alimentos em casa. Com isso, as lojas e as indústrias também começaram a mudar, crescendo em opções e se especializando, cada vez mais, para atender às constantes mudanças no perfil e hábitos de consumo da população mundial, o Brasil incluso.

Nessas últimas décadas, muitas mudanças econômicas e sociais também ensejaram novos formatos que surgiram para satisfazer essa população influenciada por um novo estilo de vida. Como exemplo, considere o fato de as famílias brasileiras terem diminuído de tamanho. Se num passado não tão distante a composição média de uma família era de seis a sete pessoas, os últimos censos dão conta de três a quatro pessoas por família, uma redução significativa, sem dúvida.

Também é conhecido o fato do crescente número de residências com uma só pessoa. Esses celibatários são compostos por 51,5% de mulheres e 48,5% de homens. Das 71,3 milhões de famílias brasileiras, em 2017, mais de seis milhões eram unipessoais, compostas de uma só pessoa.

Além disso, ou até por causa disso, o "encolhimento" da família brasileira criou diferentes hábitos de compra quanto à quantidade e frequência. Com tal reduzido número de habitantes por casa, as grandes superfícies de venda perderam e perdem clientes, pois as pessoas querem, nas compras, hoje em dia, cada vez mais proximidade, velocidade, rapidez e embalagens com menor quantidade de produtos. Os consumidores não precisam mais, como num passado recente, estocar nem comprar grandes volumes de alimentos de uma só vez. No fim do século 20, a inflação também começa a ficar sob controle e, assim, abre-se espaço para as pequenas lojas de proximidade.

Não demora, então, a surgir novos formatos de lojas, menores e conceituadas como supermercados de vizinhança ou de proximidade. Ao mesmo tempo, as chamadas lojas de conveniência ganham enorme poder de fogo. Assim, a partir dos anos 1980 e, principalmente, nos anos 2000, esses formatos passam a dividir o mercado com os tradicionais e convencionais supermercados.

Mas, para ficar mais claro ao leitor, vou mostrar década por década o que aconteceu no Brasil, especificamente, com esses novos formatos que foram surgindo.

DÉCADA DE 1950: A PEDRA FUNDAMENTAL

Surge, em 1953, na cidade de São Paulo (SP), o pioneiro, aquele que é considerado o primeiro supermercado do Brasil, o Sirva-se, localizado na rua da Consolação, esquina com a alameda Santos. Após abrir sua segunda loja, também em São Paulo, as unidades da empresa passam a servir de referência para outros pioneiros Brasil afora. Antes do Sirva-se, só houve experiências, algumas mal desenvolvidas e outras com pouco sucesso, como os Supermercados Americano.

Em seguida, surge a primeira rede importante do país, o Peg-Pag, que inaugurou sua primeira loja, um ano depois, em 1954, e substituiu o Sirva-se como modelo de loja a ser visitada e se tornou o que eu chamo de o "primeiro grande marco divisório" do varejo alimentício.

Após e graças a esses pioneiros, o formato supermercado se fixou no território nacional. Todo o *know-how* do Peg-Pag foi copiado pela maioria das lojas que iam surgindo no país. A maioria dos pioneiros, em todo o Brasil, só fazia algo de novo em suas lojas após uma viagem de estudos a São Paulo. Novas lojas foram, assim, surgindo e se espalhando pelo país, porém ainda num ritmo lento. Tanto é verdade que, no final da década de 1950, havia menos de 500 lojas no país.

Contudo, já é nesta década que surgem as importantes redes Real, Pão de Açúcar, Disco, Paes Mendonça e Barateiro, entre tantas outras. No capítulo anterior, falei do foco original delas nas classes A e B. Seus preços eram altos, por uma série de razões, inclusive tributárias. Em países como os Estados Unidos e as grandes nações europeias, em que a mão de obra tinha um alto custo, o autosserviço no varejo conseguia reduzir significativamente essas despesas com menos funcionários. Já no Brasil, a mão de obra era barata e esse impacto do supermercado na redução da mão de obra não tinha o mesmo efeito no custo total das operações varejistas.

Ainda assim, os supermercados, que no Brasil não passavam de cerca de 1 mil m² de área de vendas, em média, e em alguns casos dispunham de um estacionamento pequeno, já eram uma realidade como formato de varejo alimentício, apesar do pequeno número de lojas.

DÉCADA DE 1960:
A PRIMEIRA GRANDE EXPANSÃO DA ATIVIDADE NO PAÍS

Essa década, que se inicia em 1961, marca a expansão dos supermercados tradicionais no Brasil, ou seja, duas décadas depois do *boom* dos supermercados nos Estados Unidos. Até então, só havia uma grande rede, o Peg-Pag, e inúmeras promissoras empresas crescendo com novas lojas por todo o país.

Surgem, nessa década, os supermercados Sendas, Zona Sul, Zaffari, Gonçalves Sé, Jaú Serv, EPA, Bom Preço e Santa Luzia, entre tantos outros. A expansão tomou mais corpo quando o Imposto de Vendas e Consignações foi substituído, em 1967, pelo Imposto de Circulação de Mercadorias.

A partir daí, há uma redução nos preços de venda, as lojas ganham competitividade em relação às feiras e mercados municipais e, como consequência, as vendas começaram a crescer. A substituição do imposto foi um dos mais importantes fatores de desenvolvimento dos supermercados, porque os custos fixos, percentualmente, começaram a cair.

Em dezembro de 1969, no fim dessa década, o país já operava 2.647 lojas, mas continuávamos a ter apenas o formato supermercado tradicional.

DÉCADA DE 1970: MAIS DO QUE CRESCER, INOVAR E CRIAR NOVOS FORMATOS

A grande recessão mundial de 1929 trouxe como consequência, nos Estados Unidos, o surgimento do supermercado, em 1930, e sua proliferação já na década de 1940. Sem dinheiro, o mundo precisava economizar e os supermercados eram as lojas que vendiam alimentos ao preço mais barato do mercado.

Em 1974, a crise do petróleo também obrigou o mundo a reduzir custos e o Brasil não foi exceção. Mas estávamos no período chamado de "milagre brasileiro" e as consequências foram menores. Ainda assim, foi nessa época que chegou ao Brasil, em grande medida como resultado do momento de relativa austeridade, o hipermercado, copiado dos pioneiros franceses e vendendo alimentos a preços ainda mais baratos que os supermercados, em razão da escala e da possibilidade de aumentar a margem de lucro dos produtos não alimentares em detrimento da margem dos alimentos.

Esses hipermercados operavam uma enorme linha de produtos, tanto alimentícios como não alimentícios, e com áreas de vendas que costumavam ir de 8 mil m² a 10 mil m². Eram maiores e mais completos do que os já existentes no Brasil. Começou-se a falar em "*one stop shopping*", já que, nessas lojas, numa visita era possível comprar de tudo para a família e para a casa.

O formato hipermercado foi a grande vedete da década de 1970 e seguiria sendo na década seguinte. Os dois primeiros hipermercados brasileiros foram inaugurados em 1971. O primeiro seria o Hiper Peg-Pag, inaugurado em março, na Rodovia Dutra, em São José dos Campos (SP), curiosamente a mesma cidade onde a Tecelagem Parahyba abriu, em janeiro

Primeiro hiper Peg-Pag.

de 1953, sua cooperativa de compras, loja que em grande medida já trazia elementos do formato supermercado.

Após dois meses da abertura do Hiper Peg-Pag, em 28 de maio de 1971, o Pão de Açúcar inauguraria o seu primeiro hipermercado, o Jumbo, em Santo André (SP), com grande estardalhaço e uma campanha de inauguração que falava em "a loja que vende do alfinete ao helicóptero". E, atenção, havia um helicóptero à venda na área do estacionamento. Eu nunca presenciei, na minha vida, tanta gente em uma inauguração.

No Rio Grande do Sul, a rede Real abre, em 1974, o Kastelão, sua versão do hipermercado. Em 1975, a rede francesa Carrefour decide vir para o Brasil e abre sua loja na Marginal Pinheiros, em São Paulo (SP), e traz todo o conhecimento de quem desenvolveu o formato, em 1963, em Sainte-Geneviève-de-Bois, na França.

O autor mais jovem.

Os franceses trouxeram grandes novidades, como seu *layout*, amplos corredores, grande estacionamento, gestão descentralizada por loja e a exposição frontal para toda a linha de confecções. Começava a surgir um novo professor que muito mudou o varejo alimentício deste país. A maioria das grandes redes começa a abrir o seu hipermercado, que passa a ser o formato com maior crescimento nessa década. Contudo, no período, houve grande diversificação de formatos supermercadistas no país.

Outros estrangeiros, que por aqui aportaram, ficaram pouco tempo. Falo dos franceses Euromarché e Intermarché. Este último associou-se à rede carioca Gaio Marti. A rede japonesa Yaohan chegou a abrir duas lojas em São Paulo e o holandês SHV inaugurou seu Ultracenter, também em São Paulo, com 8.860 m² de área de vendas. A verdade é que, deles todos, só permaneceu por aqui o Carrefour, que teve um lento crescimento no início, mas um duradouro sucesso.

Assim, a década de 1970 continuou tendo a hegemonia de uma rede nacional. O Grupo Pão de Açúcar era a rede a ser imitada e, como já disse em capítulos anteriores, constitui, depois do Peg-Pag, o "segundo grande marco divisório" do varejo alimentício brasileiro. Ele foi um grande introdutor de novidades e cresceu ao comprar algumas importantes redes concorrentes, como a Eletroradiobraz, em 1975, o Peg-Pag, em 1978, o Carisma, o Pfutzenreuter, Compre Bem e dezenas de lojas individuais pelo interior de São Paulo. Abriu o leque de formatos e chegou a ter lojas de departamento, banco, rede de restaurantes e outros formatos de varejo.

Nesta década de 1970, os supermercadistas brasileiros começam a viajar mais pelo mundo, com grupos de estudos formados e organizados pela Abras, em busca de novidades e conhecimento. Observam o sucesso de formatos cujo apelo básico é o preço baixo e o sortimento limitado (*hard discount*), mas com boa e satisfatória variedade. Essas lojas de sortimento limitado, assim como os hipermercados, eram mais uma tentativa dos empresários de varejo do mundo ocidental de dar uma resposta à crise do petróleo de 1974.

Não demorou, então, para que esse formato, oriundo da Alemanha, também chegasse ao Brasil, ainda na década de 1970. O mesmo se deu com as lojas-depósito (*warehouse store*), criadas nos Estados Unidos, que também foram bem-sucedidas. A mais conhecida das lojas-depósito do Brasil foi a rede Superbox, pertencente ao Pão de Açúcar, que inaugurou sua primeira unidade em São Paulo, em Ermelino Matarazzo, no dia 7 de novembro de 1980 (tecnicamente, ainda década de 1970) e chegou a ter, na década seguinte, 12 lojas no país e muito sucesso em vendas e lucro.

O pioneiro das lojas de sortimento limitado no país foi o catarinense Pedro Bencz, da rede Riachuelo, que trouxe o formato do alemão Aldi para seu estado, inaugurando a primeira loja Aldi, em 7 de abril de 1979, na cidade de Joinville (SC). Em pouco tempo, já operava cinco lojas. Ele dizia que 22% dos produtos em linha representavam 75% da receita e, assim, ter uma operação de sortimento limitado não era um problema. Esse formato se adaptou tão bem a mercados desenvolvidos que, até hoje, fazem um tremendo sucesso na Alemanha, em boa parte da Europa e nos EUA. Bom para os pioneiros alemães Aldi e Lidl, que, desde a década de 1970 lideram as vendas desse formato na maioria dos países em que operam.

As redes de sortimento limitado conhecidas no Brasil foram: Poko Preço, do Rio Grande do Sul; Balaio, de Pernambuco; a rede Mais em Conta, do Rio de Janeiro (RJ); Mini-Preço, Kit-Box, Kibarato e, a maior de todas, a rede Minibox, do Pão de Açúcar, que inaugurou sua primeira loja em 28 de agosto de 1979, em Rudge Ramos, São Bernardo do Campo (SP). Essa década viu nascer esse formato e a seguinte o viu crescer e praticamente morrer em consequência de uma alta inflação e uma nova crise econômica.

Foi também nessa década que surgiu, no Brasil, o primeiro atacado em autosserviço muito bem formatado: a rede de origem holandesa Makro Atacadista, que trouxe seu formato *cash & carry* ao país em 1972.

Essa foi uma década muito rica em crescimento, inovações e novidades. Ela terminou com o país operando 12.493 lojas em diversos formatos de alimentação.

Os pioneiros dos formatos no Brasil

Formatos	Rede	Ano de inauguração	Estado
Supermercado	Sirva-se	1953	SP
Hipermercado	Peg-Pag	1971	SP
Atacado em autosserviço	Makro	1972	SP
Loja de sortimento limitado	Aldi	1979	SC
Loja-depósito ("atacarejo")	Superbox	1980	SP
Loja de conveniência	Express	1987	SP

DÉCADA DE 1980:
O HIPER SOBE, O HARD DESCE E COMEÇA O CASH & CARRY

Concorrência sempre foi e continua sendo uma coisa boa. Lembro de um antigo ditado que dizia que ela nos faz dormir tarde e levantar cedo. A década de 1980 foi a de maior concorrência entre as redes e os novos formatos que surgiram, em sua maioria, na década anterior, tornando o mercado muito concorrido.

Na época, o Carrefour acelerou sua expansão. No início dos anos 1980, ainda era a sétima maior rede do Brasil em vendas, mas já estava espalhando seus hipermercados pelo país e trazendo sérios problemas para todas as outras redes, ao ganhar cada vez mais mercado.

Como já disse anteriormente, sua grande inovação, para a época, foi a gestão descentralizada, grande número de *checkouts*, funcionários andando de patins na frente dos caixas, além de sua exposição frontal de produtos nas gôndolas da linha de confecções, que seria copiada pela maioria das redes. Até então, os brasileiros expunham as confecções em araras, como as lojas de departamentos. Os anos 1980 constituíram a década de consolidação dos hipermercados. Todas as redes queriam ter o seu hipermercado e a grande referência era o francês Carrefour, que, assim, tornou-se o "terceiro grande marco divisório" no varejo alimentício.

A década viu também as lojas de sortimento limitado, os *hard discounts*, ganharem força, se expandirem e, ironicamente, quase morrerem, em razão da aceleração da inflação na segunda metade dos anos 1980. O fato é que poucas redes de *hard discount* sobraram no fim dessa década. Já o *cash & carry* deixa de ser apenas atacado em autosserviço e se adapta, com alterações conceituais e comerciais, para atender muito mais do que só atacadistas, pequenos comerciantes e transformadores. Incluem também as compras das famílias. É uma volta, no fim da década, da chamada loja-depósito, mas com o nome popular de "atacarejo", que acelera sua expansão nos anos 2000 e 2010.

A década também trouxe, já mais para o seu final, as lojas de conveniência, hoje muito populares no país. A primeira foi a Express, uma *joint-venture* entre o Pão de Açúcar e a Shell, que inaugurou sua primeira loja em 15 de dezembro de 1987, na avenida Ruben Berta, em São Paulo, em um posto de combustível. Tive o privilégio de coordenar o desenvolvimento dessa nova empresa, junto com José Roberto de Raphael, Eduardo Paes Barretto e Marcio Milan, e definir as características do formato. Essas lojas eram populares nos Estados Unidos, onde conheci melhor o conceito desse formato, e desenvolvi nossa primeira loja. A maioria era em postos de gasolina e foi assim que começamos. A grande inovação que fizemos foi ter pão fresco na loja, que lá não era importante, mas aqui foi um bom fator de "afreguesamento" diário.

Já os supermercados viram suas áreas de venda crescerem. Como exemplo, o Guanabara, em Campo Grande, no Rio de Janeiro, abriu loja com 2.500 m² de área de vendas, com cerca de 30 mil itens, isso em 15 de abril de 1983.

Em 1989, chega ao Brasil a terceira rede estrangeira, a portuguesa Sonae, que adquire o controle da rede gaúcha Real. Apesar de 1970 e 1980 marcarem a chegada de redes estrangeiras robustas ao mercado brasileiro, essas décadas se caracterizam por uma acelerada mortalidade de empresas importantes, o que continuaria a acontecer nas décadas seguintes. Para se ter uma ideia, das 15 maiores companhias do Ranking Abras de 1976, apenas uma, com o mesmo controle acionário, manteve-se nesse grupo até 2019: a gaúcha Zaffari. As que pereceram ou mudaram de dono foram: Grupo Pão de Açúcar, Sendas, Peg-Pag, Disco, Casas da Banha, Paes Mendonça, Eldorado, Real, Bom Preço, Superbom, Mar e Terra, Sé, Morita e Mercearias Nacionais, além de outras menores.

Ao analisar um intervalo de tempo menor, a partir do ano de 1990, ou seja, fim da década de 1980, das 15 maiores, só duas continuaram até 2019 com o mesmo controle acionário: Carrefour e Zaffari. As outras quebraram, foram incorporadas ou vendidas, mantendo ou não o mesmo nome fantasia. Sobre esse tema, foi interessante a afirmação profética de Michael O' Connor, ex-presidente do Food Marketing Institute, dos Estados Unidos, que, em 1985, numa palestra no Brasil, na Abras, afirmou: *"Representantes das dez maiores empresas de supermercado do país estão aqui presentes nesta convenção. No entanto, daqui a 15 anos, no ano 2000, é bem possível que a maioria já se encontre fora deste negócio ou tenha, até mesmo, falido".*

Todos acharam um exagero tal afirmação, mas a verdade é que, olhando o Ranking da Abras de anos recentes e comparando com o início da década de 1980, realmente só sobraram, com o mesmo controle acionário, o Carrefour e o Zaffari. Foi uma década muito rica de novidades e surpresas.

A experiência americana com os hipermercados

O sucesso dos hipermercados em quase todo o mundo fez com que os americanos fizessem várias experiências para conhecer o formato e vender alimentos e não alimentos numa única área de vendas.

Tinham vitoriosas e enormes lojas de desconto em autosserviço (*Self Service Discount Departament Stores*), mas só operando não alimentos.

Veja quantas redes fizeram experiências para entender o fenômeno, até o surgimento dos *supercenters* do Walmart e do Target, assim definidos: uma grande loja de descontos em departamentos (SSDDS) que também vende uma completa linha de alimentos.

SUPERMERCADOS NO BRASIL

Nome	Operador	Localização	Inauguração
Hypermarket EUA	Walmart	Garland-Texas Topeka-Kansas Arlington-Texas	Dez 1987 Jan 1988 Ago 1988
American Fare	K. Mart + Bruno's	Atlanta-Georgia	Jan 1989
Twin Valu	Super Value	Cuyahoga-Ohio	Nov 1988
Auchan	Auchan	Houston-Texas Chicago-Illinois	Out 1988 Abr 1989
Carrefour	Carrefour	Philadelphia-Penn	Fev 1988
Biggs	Euromarché + Super Value	Cincinnati-Ohio	Set 1988

Tive a oportunidade de conhecer quase todas essas experiências e o que me chamou a atenção foi sua área de vendas. Enquanto o hiper francês tinha de 8.000 m² a 10.000 m² de área, os americanos, sempre exagerados em tamanho, tinham feito lojas com cerca de 15.000 m². Havia, também, pouca integração entre alimentos e não alimentos. Era como se colocassem um supermercado como um departamento, num canto da enorme área de vendas.

Outra grande novidade surgida nessa década, importante fator de otimização das operações de varejo foi o uso do código de barras para identificação dos produtos.

Essa nova técnica de controle começou a ser usada, em 1974, em Ohio, nos EUA, em um supermercado Marsh.

Chegou ao Brasil em 1984, codificando um pioneiro produto: Castanhas de Caju Cauê. Em 1990, já havia cerca de 5.000 produtos codificados no país.

O controle da novidade estava com a EAN Brasil (European Article Numbering System) e hoje com a GS1 Brasil.

O grande impulso a essa tecnologia, no Brasil, surgiu em 1992 com o fim da reserva de mercado de produtos de informática, permitindo importações bem mais econômicas, além da importância maior que era dedicada ao atendimento aos consumidores, que exigia maior uso da automação.

Em 1989, já havia duas lojas com caixas registradoras e leitores óticos, uma delas era da rede Real.

O código de barras deu início a uma nova era no varejo, no controle eficiente de estoques, acelerando os caixas, reduzindo custos de operação e trazendo importantes informações sobre os produtos e suas vendas, além de trazer mais segurança ao consumidor.

Hoje não temos dúvida de que é impossível operar lojas sem ele.

DÉCADA DE 1990: OS ESTRANGEIROS VÊM COM TUDO E OS "ATACADOS" TAMBÉM

Ao avançar para a década de 1990, o Carrefour continuava a ser o grande nome do varejo, inclusive passando a ser a primeira rede em vendas do país. Isso mesmo com a chegada, em 1995, de um concorrente fortíssimo: simplesmente a maior empresa varejista do mundo, a americana Walmart, que entra no Brasil com o Sam's Club, seu formato de clube atacadista, inaugurando loja na avenida do Estado, em São Caetano do Sul (SP).

No mesmo ano, em novembro, e na mesma avenida, a empresa abre um segundo "Club", distante 8 km do primeiro. E, acreditem, a 3 km dali, ainda na avenida do Estado, mas já na cidade de São Bernardo do Campo (SP), a empresa abre um *Supercenter* (hipermercado), junto a um futuro *shopping center*.

Nessa década, os clubes e os atacados seguem a ganhar mais participação no mercado, entre outras razões, por uma inflação controlada e pequena e um câmbio favorável, que faz o consumidor ter uma noção melhor, comparativamente, dos preços praticados pelas diferentes lojas. O fato é que, nesse contexto, outros estrangeiros também engrossam a concorrência, caso da holandesa Ahold que, em 1996, adquire 50% da rede Bom Preço, de Pernambuco.

O Brasil, sem dúvida, mostra-se mais atrativo às empresas varejistas estrangeiras desejosas de novos mercados. É assim, então, que o grupo português Jerônimo Martins aporta em terras brasileiras comprando 50% da rede paulista Sé.

Mas o assédio estrangeiro teria, no último ano da década, um novo e relevante capítulo para o futuro do varejo de autosserviço no Brasil. Em agosto de 1999, o grupo francês Casino torna-se sócio minoritário do Grupo Pão de Açúcar, que apresentava problemas financeiros, comprando 25% de suas ações.

É no fim dessa década que as redes estrangeiras começam a dominar o mercado brasileiro. Leia meu artigo "Cuide primeiro da sua casa", no capítulo "Vale a pena ler de novo", para mais detalhes. As mudanças, de formatos e conceitos, no varejo de autosserviço, já são muito mais rápidas. Novidades surgem pelo mundo e logo são assimiladas pelos supermercadistas brasileiros, que, além da influência dos estrangeiros aqui presentes, viajam, visitam, estudam e procuram aproveitar o que de bom lhes serve. O cenário brasileiro de distribuição de alimentos e não alimentos, em autosserviço, nada deve a seus pares nos melhores varejos do mundo. De importante, já não falta quase nenhum formato em nosso território.

No final da década, isso em 31 de dezembro de 1999, o Brasil operava 24.112 lojas, com vendas anuais de R$ 55,4 bilhões.

DÉCADA DE 2000:
ESTRANGEIROS NO TOPO E NOVOS FORMATOS-VEDETE

Nessa década, em 2005, os franceses aumentam sua participação no Pão de Açúcar para 50% e, em 2013, com muita confusão entre os controladores, o Casino assumiria, finalmente, o controle integral da companhia.

Depois de uma década complicada como foi a de 1990, o Grupo Pão de Açúcar (GPA) dá a volta por cima, reestruturando-se, após ser comprado pelo francês Casino e, já no ano 2000, volta a ser a primeira rede do país, operando 416 lojas. O Walmart, com 20 lojas, já é a sexta maior rede do Brasil, nessa ocasião.

Essa década marca a entrada, no país, da quinta rede estrangeira. Em 2007, a chilena Cencosud começa sua operação no Brasil ao comprar a rede GBarbosa e, logo em seguida, as redes Perini, Bretas e Prezunic, ganhando força em estados do Nordeste, como Bahia e Sergipe, e estados do Sudeste, como Minas Gerais e Rio de Janeiro.

No ano da chegada do Cencosud ao Brasil, a empresa chilena já passa a figurar entre as cinco maiores, com a quarta colocação, atrás do GPA-Casino, do Carrefour e do Walmart. Só na quinta posição aparece a primeira empresa com capital 100% nacional, a gaúcha Zaffari.

Também em 2007, o GPA chegou a um acordo com os controladores do atacadista Assaí para assumir 60% da empresa, por meio de uma *joint-venture*. A operação marcava o ingresso do grupo no segmento atacado em autosserviço misto, vulgo "atacarejo", que, desde aquela época, é um dos formatos que mais crescem no país. Meses antes, o Carrefour tinha adquirido a rede Atacadão e entrado no segmento também. Em São Luís, surge a rede de atacado Mateus, em outubro de 2007, e a Bahia vê crescer a sua rede Atakarejo. Quem é atacadista quer também operar varejo e o varejista quer operar atacado.

Os hipermercados vão perdendo espaço nessa década e seguirão perdendo na próxima. Muitos deles começam a ser transformados em "atacarejo" ou reduzem suas áreas de venda, alguns até se transformam em supermercado. Com os movimentos do mercado, renasce, no Brasil, a ideia de que *"small is beautiful"* (o pequeno é belo). As pessoas querem comodidade e não percorrer longas distâncias de carro para ir às compras ou andar muito dentro da loja para encontrar o que precisam. Se tiverem comodidade, de fato, estão até dispostas a pagar um pouco mais pelas mercadorias.

Assim, as pequenas lojas de vizinhança ou de proximidade começam a se desenvolver e, na década seguinte, crescem exponencialmente, para atender aos clientes do bairro ou quarteirão. Todos os grandes operadores e muitas empresas de médio porte começam a entrar nesse nicho.

O formato chamado de *gourmet* passa a formar um novo e importante nicho de mercado, nesse período. Oferecem qualidade, variedade e serviço a um público especial, disposto a pagar um pouco mais pelas mercadorias. Juntam-se, ao famoso Santa Luzia (de São Paulo), o Santa Maria, o St. Marché, algumas lojas do Pão de Açúcar, o Zona Sul (do Rio de Janeiro) e o Super Nosso (de Minas Gerais), entre outros.

E não se pode esquecer das lojas especializadas em frutas e verduras e demais perecíveis, também conhecidas como hortifrútis, que começam a aumentar sua importância aos olhos do consumidor brasileiro, seguindo uma tendência global, muito forte nos EUA e em países europeus.

O Brasil já tinha, no fim dessa década, 35.766 lojas vendendo R$ 162,5 bilhões.

DÉCADA 2010:
PROLIFERAÇÃO DE FORMATOS PARA DIVERSOS NICHOS

Essa década confirmou o declínio dos hipermercados no gosto do consumidor e também o crescimento do atacarejo, que se tornou uma verdadeira febre. O formato, já um sucesso, opera de maneira bem parecida com o antigo Superbox, do Pão de Açúcar, uma rede de lojas-depósito (*warehouse store*), da década de 1980, que priorizava as vendas para as grandes famílias e pequenos negócios.

Esse formato, que não é tão novo assim, como se vê, é um misto de atacado em autosserviço para pequenos varejistas e transformadores e de varejo final para famílias, porém, com um *layout* mais livre, pois o Superbox tinha um *layout* dirigido, como ainda acontece em algumas redes de lojas nesse formato, nos Estados Unidos.

Já os supermercados de vizinhança ou proximidade (em francês *proximitè*) sempre existiram e em grande quantidade. Eram os pequenos e independentes supermercados de bairro. Mas ganham força, modernizam-se e ressurgem no fim da década passada. Isso porque, nos anos 2010, as grandes redes resolvem investir nesse filão de uma vez por todas, o que, sem dúvida, impulsiona seu vertiginoso crescimento.

Tal fenômeno se deve a um processo histórico baseado em hábitos amadurecidos de consumidores que se acostumaram a uma economia com baixos índices de inflação. Enquanto as grandes superfícies, como os hipermercados, faziam sucesso em ambientes econômicos com inflação alta, outros modelos de loja mostravam-se mais adaptados ao novo ambiente do mercado de consumo brasileiro, com a inflação sob controle, caso das lojas de proximidade, ideais para consumidores que priorizam o conforto de comprar, andar pouco para chegar à loja e economizar tempo na área de venda.

O formato de proximidade e o "atacarejo" foram as estrelas da década de 2010. Bandeiras de lojas de proximidade pertencentes a grandes empresas de varejo ganharam proeminência, caso do Minimercado Extra, Minuto Pão de Açúcar, Carrefour Express, Petit Mambo, Hirota Food etc. Mesmo entre os "atacarejos", foi possível constatar que as menores superfícies se destacaram. Estamos falando de lojas compactas, de 2.500 m² a 3.500 m² de área de venda, com uma linha de cerca de 8 mil itens. Nem a limitação no sortimento de produtos foi capaz de inviabilizar as vantagens e o sucesso do modelo atacadista misto, que permite maior agilidade às compras e proporciona uma boa experiência ao consumidor.

A década também é marcada pelo crescimento das lojas *gourmet*, cujo principal expoente histórico no Brasil, a meu ver, é a tradicional Casa Santa Luzia. Contudo, deve-se citar, como marco do desenvolvimento desse formato no Brasil, a inauguração, em maio de 2015, de uma unidade do italiano Eataly, na cidade de São Paulo.

Vale observar que o Eataly traz, de forma bastante clara, características de um conceito novo que os americanos chamam de *"grocerant"*, palavra originada da fusão de *grocery*, loja de alimentos, com *restaurant* (restaurante). Esses estabelecimentos combinam não apenas as duas palavras, mas, de fato, os dois conceitos, oferecendo um bom serviço de *catering* e alimentação no local. Contudo, é importante observar que, já há algum tempo, a maioria dos novos supermercados não deixam de ter uma boa rotisseria, uma lanchonete e uma área exclusiva para a alimentação no local.

A famosa "solução de refeição" é o futuro do varejo alimentício, que todas as lojas se propõem a ter, umas mais outras menos.

Na mesma toada do desenvolvimento iniciado na década anterior, vieram as lojas especializadas em frutas e verduras, que também trabalham com eficiência outros perecíveis. Refiro-me aos "sacolões", com destaque às bandeiras Oba, Hortifruti, Natural da Terra, Pomar, entre outras. Essas unidades ainda não cresceram e se espalharam como as lojas de proximidade, mas, a ver pelo sucesso que o formato tem obtido em outros países, crescerão por aqui também.

Trata-se de modelo eficiente, que prioriza a qualidade e a diversidade de perecíveis. Oferece, em alguns casos, uma razoável mercearia, sempre como extensão de seu sortimento principal.

No fim de 2019 e da década, já operávamos 38.387 lojas no formato de supermercados e o faturamento do ano chegou a R$ 352,2 bilhões, conforme pesquisa anual da Abras.

DÉCADA DE 2020: E O FUTURO?

Espero estar ainda por aqui para poder contar a história desses próximos dez anos. Mas deixe-me pensar e refletir livremente sobre esse futuro. No meu livro de 2013, com segunda edição em 2017, *Glossário Ascar de Termos Supermercadistas/ Distribuindo as Camisas*, apresento 12 formatos clássicos de lojas de alimentação em autosserviço. A maioria deles foi comentada neste capítulo. Agora, para onde estamos caminhando? Quero refletir sobre esse momento, começando com a menor das lojas de alimentação existente e crescendo de tamanho.

Vamos começar pensando em operar uma loja de 70 m² de área de vendas e sem caixa — lojas experimentais, mas já em grande número na China, nos Estados Unidos e algumas no Brasil – vendendo quase que, exclusivamente, conveniência, lanches, *snacks*, refrigerantes etc.

Daí, passaríamos para uma de 150 m² a 200 m², também de conveniência, mas de apenas um *checkout*, localizada em um posto de gasolina ou em área urbana de grande concentração demográfica. Depois, podemos ampliar a loja para 300 m² e transformá-la em um pequeno supermercado de proximidade, ou podemos ir para uns 400 m² a 500 m² e virar um pequeno supermercado compacto, no caso de uma pequena cidade ou de um bairro de alguma grande cidade.

Agora, vamos ampliar o estabelecimento para 800 m² e mudar essa loja internamente, dando mais ênfase aos perecíveis, principalmente frutas, verduras e legumes, e teremos, assim, uma loja especializada. Aumentando só um pouco essa área – não precisa ser muito – e com menos enfoque em perecíveis, a loja vira, então, um supermercado tradicional. Se essa loja passar a ter como diferencial o preço baixo, reduzindo seu sortimento e margem para aumentar escala na compra, tenho um *hard discount*. Se seguir com o enfoque no preço, mas aumentar a área de venda para 3.000 m², quiçá, 4.000 m², transformei a unidade em uma loja-depósito ou "atacarejo".

Outro caminho é manter esse tamanho, mas aumentar os preços, em geral, e ampliar a linha de produtos, chegando a ter entre 15 mil e 20 mil itens. Assim, transformarei o "atacarejo" em uma superloja.

Se pegar essa mesma loja e modificar ainda mais o *mix* de produtos, dando ênfase à qualidade, priorizando os itens de primeiríssima linha, importados, e agregando serviços diferenciados, tenho uma loja *gourmet*, focada nas classes A e B.

No entanto, posso não querer ser *gourmet*, mas aproveitar toda a infraestrutura que tenho. Então, dedico-me à oferta de produtos que compõem as soluções em refeições para serem feitas dentro ou fora da loja. Reduzo o espaço para ingredientes e ganho espaço para alimentos prontos, restaurantes e serviço de *catering* na loja. Assim, tenho um "*grocerant*", a última novidade entre os formatos de varejo de autosserviço. Em português, apelidei essa loja de "superante" (supermercado e restaurante).

Finalmente, a partir de uma superloja, ainda posso introduzir departamentos de não alimentos, como confecção e eletrodoméstico, e virar um hipermercado compacto, com uns 4.000 m² de área de vendas. Se ampliar a área de venda, terei um hiper maior, formato que parece, contudo, estar em decadência.

Ufa! Cansei de escrever esse caminho, essa rota baseada no tamanho da área de venda, ainda e sempre incompleto. E você, imagino, cansou e está confuso com esta leitura. Os nichos de mercado crescem em progressão geométrica e as oportunidades para satisfazê-los, também.

Essa reflexão nos leva a crer que é cada vez mais difícil rotular as diferentes lojas, a partir dessas, e que se pode pensar em "infinitos formatos" para essa próxima década. Formatos de difícil classificação, muito especiais e pulverizados em *layout*, linha, foco, serviço, localização etc. Afinal, só assim para atender os infinitos nichos de mercado que já existem e os que ainda surgirão. Que venham os novos formatos e que cada um possa classificá-los como quiser. E vamos recalculando a rota.

Mas, como disse antes, espero estar por aqui para poder contar a verdadeira história desses próximos 10 anos. Após essa introdução dos formatos de loja por década, vamos detalhar e conceituar, no capítulo seguinte, todos eles, bem como as suas propostas comerciais.

◇◇

SUPERESTÓRIAS

Na década de 1970, tivemos no grupo Pão de Açúcar um funcionário descendente de libaneses, o Munir. Alegre e divertido, gerenciava uma das nossas lojas de São Paulo, capital, a unidade número 11, da rua Afonso Brás.

Certa noite de sábado, ainda novato como gerente de loja, foi à sede do nosso grêmio, na avenida Pacaembu, para um baile de confraternização dos funcionários da empresa. Lá pelas tantas, já meio alto, decidiu tirar uma moça para dançar. Ela aceitou, mas não deixou que o Munir chegasse muito perto durante a dança. Sem pestanejar, ele saiu-se com essa: "Olha, estou há pouco tempo como gerente de loja e a primeira coisa que aprendi do ramo é que espaço é o mais importante patrimônio no nosso negócio".

Dito isso, Munir puxou a moça para bem perto de si e a apertou. Em seguida, concluiu, sério: "Espaço é muito caro e não pode ser desperdiçado".

SUPERMORAL
Sem delongas, o nosso Munir, num lance de criatividade, estava aplicando na sua vida pessoal o que aprendera como gerente. Criatividade é, com certeza, uma das mais importantes características do gestor de um supermercado — dentro e fora da loja.

CAPÍTULO IX:
FORMATOS DE LOJAS DE ALIMENTAÇÃO

> Se vocês quiserem apenas andar rápido, caminhem só.
> Mas se quiserem ir longe, caminhem em grupo.

Os formatos de lojas de alimentação em autosserviço vêm mudando, crescendo em opções e se especializando cada vez mais para atender as constantes mudanças no perfil e hábitos de consumo da população brasileira, contemplando, assim, diferentes públicos e diferentes momentos de compra.

Considere o fato de, já há alguns anos, as famílias brasileiras estarem diminuindo de tamanho, conforme comentei anteriormente, quanto ao número de pessoas. Também é conhecido o fato do crescente número de residências com uma ou duas pessoas. As residências unipessoais já estão acima de 6,4 milhões no Brasil. Em vinte anos, cresceram 86,2%. Considerem também que a inflação vem num decrescente animador e hábitos vêm se modificando – de vida, de consumo, de poder aquisitivo e de lazer. Tudo isso traz, como consequência, novas formas de varejo adaptadas às novas realidades.

Os hipermercados, por exemplo, as grandes superfícies de venda, cujas características e propostas atraíam muitos consumidores num passado recente, começam a dar espaço para o surgimento de novos formatos de loja que atendam a consumidores que não precisam estocar nem comprar grandes volumes de alimentos de uma só vez e que nem querem usar o seu tempo para isso.

Surgem, então, os supermercados facilitadores, chamados de "vizinhança" ou "proximidade", como gostam os franceses, e também aumenta o poder de fogo das lojas de conveniência. Essas lojas pouco competem diretamente com um supermercado convencional, apesar do público-alvo ser o mesmo, uma vez que a ocasião e o propósito de consumo são diferentes.

Convém lembrar que o mundo é feito de ações e reações, e isso vale muito para o varejo. Por exemplo, a grande depressão de 1929 trouxe, como reação, o supermercado. E a falta de tempo para comprar trouxe, como reação, o *one stop shopping* e as pequenas e próximas lojas. Já a crise do petróleo reforçou a importância dos hipermercados e, na década de 1970, a reação veio com as chamadas lojas-depósito, as lojas de sortimento limitado, e, nos últimos anos, a queda da inflação no Brasil está acabando com os grandes hipermercados. E, assim, vamos andando.

Hoje, há muitos formatos de alimentação e os clientes circulam por diversos deles, dependendo de sua necessidade ou do momento de consumo. O cliente pode comprar grandes quantidades de produtos a preços baixos em um "atacarejo", clube atacadista ou hipermercado, uma ou duas vezes por mês, e ainda comprar outros itens de consumo todos os dias em lojas menores e mais próximas.

Sendo assim, existe mercado para diferentes tipos de loja que suprem as necessidades de toda essa variedade de consumidores e seus diferentes momentos de compra. Satisfazer as expectativas de bens e serviços neste mercado, hoje aberto internacionalmente, e em crescimento, desenvolvimento e mutação, é um desafio que, além de forçar as empresas nacionais a uma contínua evolução tecno-conceitual de suas lojas, tem trazido do exterior vários outros formatos de lojas.

Esses novos competidores surgiram a partir dos anos 1980 e, principalmente, nos anos 1990 para dividir esse mercado com os tradicionais ou convencionais supermercados. Acontece também que os conceitos mais puros se misturaram, tentando usar o que de bom os outros têm e, então, surgem o hipermercado compacto, supermercado de conveniência, atacado de autosserviço misto, enfim, um leque de opções que cresceu tanto que hoje me atrevo a falar que estamos num mercado com infinitos formatos de loja para atender a infinitos tipos de consumidores. As variações de um formato, buscando diferenciação, têm sido constantes.

Vou, agora, explicitar os diversos tipos de lojas varejistas de alimentação com foco e características próprias de comercialização, classificadas de acordo com sua proposta, objetivo, *layout*, tamanho, serviços, preços, volume de vendas e linha. No momento atual, o país possui em operação ampla variedade de lojas de varejo de alimentação em autosserviço, cujas características, princípios, focos, estratégias e tamanhos descrevo a seguir, em ordem alfabética.

ATACADO EM AUTOSSERVIÇO PURO

Um formato de loja atacadista que utiliza a técnica do autosserviço para seus clientes, varejistas ou transformadores. Eles mesmos selecionam o que querem, pagam e transportam a sua própria compra. Daí o nome genérico de *cash & carry*, utilizado por muitos como referência à forma como a loja é operada. Um pré-cadastramento pode ser necessário em algumas redes. A mais conhecida no Brasil é a rede de origem holandesa Makro, que, no entanto, vendeu no início de 2020 suas lojas operadas no Brasil para o Carrefour.

ATACADO EM AUTOSSERVIÇO MISTO

Um formato de loja atacadista que utiliza o autosserviço focado nos clientes varejistas, pequenos e médios transformadores, e ainda, em grande parte, consumidores finais. Também conhecido como "atacarejo", é uma variação muito próxima do formato loja-depósito. A primeira experiência desse formato, no Brasil, foi o Superbox, com cerca de 4.000 m² de área de vendas e operando, em média, 5.600 itens. Costumam operar com dois preços de venda, um para o varejo e outro menor para embalagens fechadas ou quantidades maiores. Estão fazendo muito sucesso nos últimos anos.

É um dos formatos que mais crescem, me lembra o grande momento dos hipermercados no país, quando todas as redes queriam ter o seu. Agora, todas as redes querem ter o seu "atacarejo". Os bons exemplos nacionais são o Atacadão, Assaí, Mix Atacarejo, Roldão, Komprão Koch, Giga e Atakarejo, que também se classificam como loja-depósito. A diferença do atacado puro é que essas lojas foram projetadas ou adaptadas para receber um fluxo maior de pessoas, pelo foco também no consumidor final, e, portanto, têm também carrinhos de supermercados, e não só plataformas, bem como uma linha mais diversificada.

CLUBE ATACADISTA

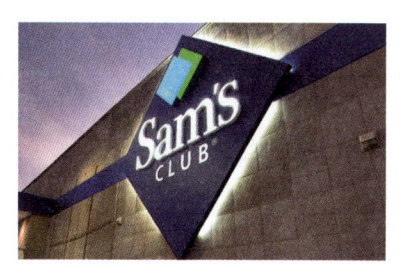

Uma grande loja de alimentos e não alimentos que vende no atacado e no varejo, com um tamanho médio em torno de 9.000 m² de área de vendas, em ambiente simples e despojado, vendendo apenas para clientes associados (membros) que pagam uma taxa anual para tal. Opera um sortimento limitado de produtos, cerca de 7 mil itens, mas com ótima variedade. O setor de não alimentos pode representar até 60% da área de venda. A mercearia opera com embalagens institucionais e múltiplas. Quando surgiu nos Estados Unidos, em San Diego, na Califórnia, em 1976, com a primeira bandeira Price Club, operava cerca de 5 mil itens, linha mais reduzida que a atual.

Não é classificado como um dos formatos de supermercado nos Estados Unidos, assim como não é também loja de conveniência. A Abras não o inclui no seu *ranking*, mas está na classificação de autosserviço de alimentos da Nielsen. As mercadorias são expostas em estruturas metálicas semelhantes às das lojas-depósito. Seu apelo está nos preços muito baixos. Seu público-alvo são os pequenos comércios, bares e restaurantes, transformadores e escritórios, bem como as grandes famílias. A compra é, normalmente, de abastecimento e a frequência de visitas dos clientes é mensal.

É a loja dos "pequenos negócios e grandes famílias". Sua taxa de adesão cobre parte do lucro desejado, permitindo vender a preços bem mais baixos. Exemplos: Sam's Club e Costo.

COMBO STORE

Os americanos usam esse termo por ser uma loja completa em alimentos, semelhante às superlojas, com grande variedade de não alimentos, brinquedos, têxtil, bazar leve e perfumaria, tudo isso combinado (combo) com uma drogaria e farmácia. Esse é o diferencial. Operando em uma área de vendas de cerca de 4.000 m², tem forte poder de atração, por ser mais completa como loja e não ser tão exagerada como um *supercenter* ou um hipermercado. Ela é forte em não alimentos, representando cerca de 20% das vendas, como produtos de saúde e beleza, utensílios de cozinha e um pouco de têxtil. Conceito americano ainda sem uso no Brasil, apesar de haver aqui muitas lojas com farmácia ou drogaria agregada. É o caminho do supermercado para o hipermercado ou *supercenter*.

HIPERMERCADO

Formato que surgiu nos Estados Unidos, em 1962, com o Meijer e, na França, em 1963, com o Carrefour, tendo chegado ao Brasil em 1971 pelas mãos da rede Pão de Açúcar e do Peg-Pag. Opera com cinco departamentos: mercearia, perecíveis, têxtil, bazar e eletroeletrônicos. Cada um dos departamentos é dividido em várias seções. As lojas têm hoje, em média, 8.000 m² de área de vendas, mas já foram bem maiores, sendo que cerca de metade da área é destinada a produtos alimentícios. Seu *layout* é bem racional, com "ruas e avenidas" sempre paralelas, permitindo uma boa circulação e fácil localização das mercadorias e seções. Junto com o *supercenter*, é o formato com a maior variedade de produtos em linha.

Os dois formatos foram os precursores do conceito "*one stop shopping*" (uma parada para comprar tudo), na medida em que a extensa variedade e sortimento de alimentos e não alimentos, com mais de 50 mil itens, permite uma compra completa da maioria das necessidades dos clientes. Tem sido o local para a compra de abastecimento de alimentos e, inclusive, confecções e eletrônicos. Foi sempre um formato vitorioso, desde seu surgimento no início da década de 1970, porém, nos últimos anos, tem perdido muito espaço para as lojas menores.

Voltando às suas raízes, o primeiro hiper Meijer, com a bandeira Thrifty Acres, em Grand Rapids, Michigan, era um supermercado aberto, em 1958, que foi reformado em 1962 e abriu as portas com 8.500 m² de área de vendas. Já o primeiro hipermercado do Carrefour, na França, surgiu em 15 de junho de 1963, em Sainte-Geneviève-des-Bois, pequena cidade francesa com 18 mil habitantes. Era uma loja com 2.500 m² de área de vendas, 450 vagas de estacionamento e 18 caixas.

Ver *supercenter* mais adiante para completar a informação sobre pioneirismo. A rede Carrefour, o Extra e o Andorinha são exemplos do formato.

HORTIFRÚTI

Varejista que concentra a sua linha de produtos na área de perecíveis, com ênfase em frutas, legumes e verduras. Sendo focado e especialista nesse segmento, oferece muitas opções desses produtos, bem como orgânicos e naturais. Qualidade tem que ser o seu diferencial, e não só preço. Opera também com outras seções de perecíveis e uma pequena linha de mercearia. Deve vender produtos associados aos perecíveis. O formato tem crescido muito no exterior, pelas mãos de empresas como Sprouts, The Fresh Market e muitas independentes, e tem apresentado razoável crescimento no país, com as redes Oba, Hortifruti e Natural da Terra. É a chamada loja especializada por excelência.

LOJAS DE CONVENIÊNCIA

Chamadas pelos americanos de *C Store*, são pequenas lojas facilitadoras de alimentação, de 50 a 250 m² de área de vendas (nos EUA são maiores), muitas funcionando em regime de franquia, com um ou dois *checkouts* e uma boa área de "*fast-food*" e de bebidas. Estão localizadas, convenientemente, em postos de gasolina ou áreas de boa densidade populacional, bem como em ruas movimentadas e de fácil acesso. Visam atender as necessidades emergenciais dos consumidores e devem oferecer um pouco de perecíveis para terem um melhor "afreguesamento".

A variedade de produtos oferecidos é limitada, bem como seu sortimento, e estão focadas em produtos emergenciais, de substituição ou de consumo imediato. Operam um pouco mais de 1.000 itens, enfatizando conveniência e alta rotatividade de bebidas, *bonbonnière*, salgadinhos, sanduíches, café e *snack*. Além disso, apresentam ausência de não alimentos e qualquer tipo de serviço. Os preços são cerca de 15% maiores que os supermercados.

A primeira delas, no Brasil, foi inaugurada em 1987 (veja mais no cap. VIII) e em 2002 já havia 2.758 lojas espalhadas pelos, então, 28 mil postos de gasolina. Cerca de 10% dos postos tinham uma loja. Como exemplo, compare com a Alemanha, onde 95% dos postos têm sua loja.

Segundo o jornal DCI da época, as quatro maiores redes eram: BR Distribuidora, com 581 lojas; Ipiranga, com 423; Esso, com 339, e Shell, com 232. Pesquisa do Sindicato Nacional das Empresas Distribuidoras de Combustíveis e de Lubrificantes (Sindicom) informa que, em 2016, o setor faturou mais de R$ 7 bilhões no país e fez crescer a venda de combustível dos postos onde estão em cerca de 20%.

Se pensarmos apenas nesse conceito americano em postos de gasolina, o número de lojas no Brasil ainda é pequeno e muito limitado na sua oferta de produtos. Começou bem mais forte e foi se enfraquecendo. Os nomes hoje mais conhecidos são aqueles ligados a postos de gasolina, como: Select, AM/PM e o famoso 7-Eleven, que já se foi do Brasil.

Podemos, no entanto, aqui classificar também as mercearias em autosserviço e os pequenos supermercados de vizinhança (com um *checkout*), além dessas novas padarias em autosserviço, com uma pequena linha de mercearia, frutas e laticínios e uma pequena lanchonete.

LOJA-DEPÓSITO

Loja fisicamente despojada, que vende alimentos e combina baixa margem com variedade reduzida, baixo nível de serviços, baixo investimento, exposição de produtos simples e foco agressivo em preço baixo. Geralmente sem serviços especializados, esse formato atrai clientes sensíveis a preço. É o "*Discount*" por excelência. Sucesso nos Estados Unidos, cujo nome de referência é o Cub Foods. Opera as mesmas cinco seções dos supermercados, acrescidas de padaria e de peixaria. O não alimentício existe e pode representar até 7% das vendas.

A exposição é feita, preferencialmente, em estruturas metálicas (*rack*), onde deve estar quase todo o estoque da loja. A aparência deve ser a de uma loja bem despojada e de baixo investimento. A estratégia desse formato é fortalecer a imagem de preços baixos, eliminando a maioria dos serviços.

No início, o *layout* exigia que a circulação dos clientes fosse obrigatória. Não tinham alternativa a não ser seguir as setas. Já não é mais assim. Seu foco maior, como as lojas de sortimentos limitado, está nos baixos preços e no baixo investimento. A maioria dessas lojas, nos Estados Unidos, opera também uma ampla seção de produtos de drogaria, bem como uma farmácia.

Muitas mercadorias são compradas quando o fornecedor oferece condições especiais, mas sem haver reposições. Portanto, os clientes podem não encontrar o produto ao voltar à loja. É o que o americano chama de produtos "*In and Out*" (Entra e Sai). Eles chamam essa loja de Warehouse. Algumas redes, pelo seu porte maior, são chamadas de Super Warehouse, como a rede Cub Foods.

SUPERMERCADOS NO BRASIL

Havia poucos exemplos desse formato no Brasil. O precursor foi o *Superbox*, rede inaugurada no fim da década de 1970, em São Paulo. Eram lojas com cerca de 4.000 m² de área de vendas, oferecendo cerca de 8 mil itens, com boa participação dos perecíveis. Foi o formato que deu origem ao atual e crescente atacado em autosserviço misto, que é popularmente chamado de "atacarejo". Exemplos de loja-depósito são: Superbox, Todo Dia, Cub Foods, Mix Atacarejo e Smart & Final.

LOJA DE SORTIMENTO LIMITADO

Formato de loja importado da Alemanha pelo inovador catarinense Pedro Bencz, que representou à época (fim da década de 1970) uma grande inovação operacional para o segmento supermercadista. É classificada na Europa como *hard discount* e nos Estados Unidos como *Limited Assortment Store*.

No Brasil, a chamamos de loja de sortimento limitado, que também pode ser chamada de "desconto de vizinhança" ou "abastecedora de conveniência", que é o que ela é. Observe que seu sortimento é limitado, mas a variedade é total. Comercializa todas as categorias diferentes de produtos (variedade) de um supermercado, mas se atém a uma ou duas marcas (sortimento) por produto.

> *Variedade é a quantidade de mercadorias diferentes oferecida pela loja. É também chamada de amplitude de produtos. Por exemplo: café solúvel, leite desnatado, escova de dentes, etc. Sortimento é o número de itens ou marcas diferentes em uma mesma categoria de produtos. É também falado como a profundidade de produtos.*

Opera com até quatro *checkouts* em um ambiente despojado com cerca de 400 m² de área de vendas, cerca de 1.200 itens. Originalmente, na década de 1980, operava até 600 itens e, como curiosidade, um dos motivos era querer que as operadoras de caixa memorizassem os preços dos produtos. Com mais itens, isso não seria possível. As mercadorias são expostas em caixas cortadas em *pallets* sobre estruturas metálicas ou em gôndolas bem simples.

Sua estratégia está baseada em baixo investimento, baixo custo operacional, preços baixos e quase nenhum serviço. Este é o diferencial. O bom volume de vendas permite um lucro razoável. Deve ter em sua linha muita marca própria, que impede comparações de preço e afreguesam. Suas características, no Brasil, são:

- Baixo investimento;
- Área de venda média de 400 m²;
- Número limitado de itens (1.200);
- Foco nas marcas líderes de mercado;
- Poucos perecíveis;
- Muita marca própria;
- Custo operacional baixíssimo;
- 5 a 7 funcionários por loja;
- As compras são semanais, em geral;
- Ter o menor preço da área de influência.

A maior rede que tivemos no país, com mais de 300 lojas, foi o Minibox, do grupo Pão de Açúcar, gerida por mim e pelo francês Jean Claude Sauron. Hoje, só temos a rede Dia. Não conheço os números de hoje, mas nos primeiros anos dessa loja no país, na primeira metade dos anos 1980, usando como exemplo a rede Minibox, esses eram seus destaques em porcentagem: venda (100%), lucro bruto (13%), despesas (10%) e lucro líquido (3%).

O custo central alto da rede Pão de Açúcar, que era rateado para todas suas divisões, e a inflação iniciaram o fim desse formato.

A inflação crescente não permitia memorizar e comparar os preços entre as lojas e exigia dos consumidores grandes compras no dia do pagamento, fazendo com que o hipermercado se tornasse a melhor opção de compra. As características originais de gestão foram modificadas.

É um formato vitorioso, mas precisa ser operado pelas médias ou grandes redes, pois exige programa acelerado de expansão, economia de escala e uma logística independente.

Conheça as redes que o Brasil já teve com esse formato:

- Aldi, por meio dos Supermercados Riachuelo, de Santa Catarina;
- Balaio, do pernambucano Bom Preço;
- De Kusto, do supermercado Zottis;
- Kit, de Minas Gerais;

- Minibox, do grupo Pão de Açúcar;
- Poko Preço, da rede Dosul;
- Preço Bom, da gaúcha Real;
- Econ, de São Paulo;
- Rede Dia, em operação.

Esse formato continua sendo um sucesso na Europa, com as redes Aldi, Dia, Netto, Norma, Lidl, Ed, entre tantas outras. E em muitos estados americanos também é sucesso com as redes Sav-a-lot, Aldi e Lidl.

As redes Aldi e Lidl são mais sofisticadas, com área maior, chegando a 1.200 m² e uma linha de mais de 2 mil itens. Os perecíveis são mais valorizados. Com amplo estacionamento e investimento maior, ainda assim conseguem competir muito bem com seus concorrentes tradicionais. Opera boa linha de não alimentos com produtos de ocasião e descontinuados.

MOM AND POP STORE

Designação americana para a loja da mamãe e do papai. Uma pequena loja familiar de alimentos, operada por um casal, marido e mulher (daí o nome) e outros membros da família. Geralmente operada em autosserviço. São muito pequenas, não chegando a 200 metros quadrados, e com uma limitada linha de produtos a preços um pouco acima do mercado. O similar francês é conhecido como *superette*.

SUPERCENTER

É a versão americana do hipermercado francês. Uma combinação de um supermercado com uma loja de desconto operando em autosserviço, com área de vendas de cerca de 11.000 m². Vende a preços baixos mais de 65 mil itens. O forte formato chamado "loja de departamentos de desconto em autosserviço", a SSDDS, ao incorporar um supermercado passou a ser o chamado *supercenter*.

Difere um pouco dos hipermercados, pois tem um *layout* que integra pouco a área não alimentícia da alimentícia. Esta opera em cerca de 40% da área de vendas da loja. A disposição das gôndolas e de algumas estruturas metálicas cria uma circulação na loja diferente dos hipermercados, bem como nichos que "isolam" o cliente do resto da loja, deixando-o mais concentrado para as compras.

Opera com completa linha de alimentação e quase completa linha de não alimentos. Já foi uma loja mais preocupada com preços baixos e, realmente, um *"discount"*. Hoje em dia, está menos despojada, oferecendo mais serviços e preços menos competitivos.

É o melhor exemplo do que os americanos chamam de *"one stop shopping"*. Surgiu nos Estados Unidos, em Grand Rapids, Michigan, pela rede Meijer, com o nome Thrifty Acres, isso em 6 de junho de 1962, cerca de um ano antes do hipermercado Carrefour. Foi o modelo para a rede Walmart abrir suas novas lojas. Era uma loja com 17.000 m² de área total e 8.500 m² de área de vendas, com 18 *checkouts*. Acredite ou não, em 1968, eu estagiei nessa loja por um mês. Bons exemplos de bandeiras nesse formato são: Walmart Supercenter, Meijer e Super Target.

SUPERLOJA

É um supermercado de grande porte, amplo, generoso no seu estacionamento, com cerca de 4.000 m² de área de vendas e forte participação das seções de perecíveis, além de um bom espaço para o não alimentos. Popular nos Estados Unidos, é a evolução quantitativa e qualitativa do supermercado, com completa linha de produtos de alimentação. Trabalha com cerca de 25 mil itens e o *mix* total pode ser até 60% superior ao de um supermercado convencional.

O não alimentício começa a crescer em importância, podendo representar mais de 10% das vendas, incluindo aqui ampla variedade de produtos de bazar, uma seção de eletroportáteis e um pouco de têxtil. A ênfase é nos serviços dos perecíveis, bem como num amplo departamento de alimentos, procurando trazer toda uma "solução de refeição" para seus consumidores. Pode, inclusive, operar algumas seções ou subseções com uma completa linha de produtos. Isso quer dizer que, além de uma grande variedade de produtos, seu sortimento é muito generoso.

A qualidade de seus produtos e sua linha de perecíveis e de pratos prontos é um forte apelo. É a loja ideal para a compra semanal de alimentos, de produtos de higiene pessoal e de limpeza doméstica. Geralmente, tem uma lanchonete ou restaurante para alimentação no local. Atualmente, há poucas lojas nesse formato operando no Brasil. O Zaffari pode ser um bom exemplo.

> SUPERMERCADO: Em termos genéricos, é uma loja de alimentos, que vende em autosserviço, com dois ou mais checkouts, e opera, no mínimo, as quatro seções de alimentos. Os americanos também usam o termo grocery store. Difere das lojas que focam preço, como as lojas de desconto ou econômicas (clubes ou LSL) e das lojas de venda em massa, como os hipermercados. O formato apresenta inúmeras variações. Seus clientes fazem compra semanal e, às vezes, diárias, tanto de abastecimento como de reposição. É importante lembrar que foi com ele que evoluiu a venda em autosserviço, que foi a maior contribuição ao varejo mundial, e trouxe para o mundo um moderno sistema de vendas de alimentação.

SUPERMERCADO COMPACTO

É a loja de alimentação em autosserviço mais adaptada a pequenas cidades e bairros de grandes cidades. Tem cerca de 300 m² a 800 m² de área de vendas e cerca 6 mil itens em linha, com pouca oferta de bazar. É a loja da compra semanal e diária da sua localidade, com algumas características de uma loja de vizinhança. É também muito semelhante aos supermercados tradicionais ou convencionais, mas é muito mais adaptado a mercados menores. Sua relação com seus clientes é muito próxima. Vende a preços próximos ao supermercado tradicional. Muitas vezes deixa de operar uma das cinco seções tradicionais e, obrigatoriamente, deve trabalhar com dois ou mais *checkouts* para ser considerado supermercado pela Associação Brasileira de Supermercados.

É quase sempre operado por varejistas independentes e de propriedade familiar. Como o supermercado convencional, a oferta de produtos de não alimentos é também pequena, correspondendo a até 3% das vendas, quando comercializados.

SUPERMERCADO CONVENCIONAL OU TRADICIONAL

É o nosso mais conhecido e equilibrado formato de supermercado, com área de vendas de 800 m² a 2.500 m². Opera, pelo menos, as cinco tradicionais seções de uma loja.

- Mercearia;
- Carnes e aves;
- Frutas e verduras;
- Frios e laticínios;
- Não alimentos ou bazar.

Com cerca de 12 mil itens ofertados, em média, tem no autosserviço e em preços bem moderados suas prioridades. Ultimamente, porém, opera muito a serviço nas seções de perecíveis e está crescente a operação de uma peixaria como a sexta seção, bem como de uma padaria e uma rotisseria com pratos prontos.

É pequena a participação de não alimentos, e a disponibilização de uma pequena lanchonete com mesas para comer no local está se popularizando. Até farmácia muitas lojas já estão oferecendo.

É a loja da compra semanal rotineira, apesar de ser também uma loja abastecedora. É um dos formatos que apresentam maior equilíbrio entre sua proposta de servir, suas características e as necessidades dos consumidores.

Os princípios que nortearam e cristalizaram o seu sucesso permanecem até hoje embasando sua grande aceitação. Margens baixas diferenciadas, alto volume de vendas, baixo custo de operação e foco em alimentação, higiene e limpeza doméstica. Em resumo, novamente, é o formato mais equilibrado para a venda de alimentos. Exemplos: Pão de Açúcar, Zona Sul, Angeloni, Koch, Lopes, Mateus, Super Nosso e Real.

Suas vantagens concorrenciais podem ser descritas como:

1. Mais próximo dos consumidores;
2. Conveniência também é o seu ponto forte;
3. O tempo de compra é menor;
4. Seus preços não são tão mais caros que os do hiper;
5. Bem mais completo em alimentação;
6. Mais agradável e com melhor serviço.

O supermercado tradicional (ou convencional) está se tornando muito mais forte em refeições prontas ou semiprontas, e os perecíveis têm sido o caminho da maioria dos formatos de alimentação.

SUPERMERCADO ECONÔMICO

Em termos genéricos, a loja econômica é todo formato que foca preço baixo, com um sortimento limitado de produtos. Tem que trabalhar com alto volume de vendas e custos operacionais baixos para compensar sua menor margem de lucro. Falo da loja de sortimento limitado, do clube atacadista, da loja-depósito e do atacado misto.

SUPERMERCADO GOURMET

É um supermercado especial com refinada linha de produtos, muito importado, ampla variedade e sortimento, serviço, atendimento de qualidade e um ambiente agradável para as compras. Há poucas opções no Brasil. Apesar de mais caro, apresenta ótima proposta de valor. É aquele que apresenta a melhor proposta de solução de refeição, produtos "*to go*" e produtos processados. Está focado na classe média e média alta. Os bons exemplos dessa loja são o Santa Maria e o famoso Santa Luzia, ambos de São Paulo, bem como o St. Marché e algumas lojas do Pão de Açúcar e do Zona Sul.

SUPERMERCADO DE VIZINHANÇA

É a loja do dia a dia. Também conhecida como de "proximidade" (do francês *proximité*), é a coqueluche do momento no mundo, bem como no Brasil. Conveniente pelo pequeno tamanho (de 150 m^2 a 400 m^2) e por estar perto de você, seu vizinho e seu cliente. Assim, você economiza tempo de deslocamento e tempo nas compras. Tem pequeno poder de atração, além da localização, e opera uma linha razoável, com cerca de 6.000 itens, mas com preços menos em conta.

Seu foco é na compra emergencial, bem como na semanal, e pode suprir o cliente com tudo que ele necessita, mas sem grandes alternativas de produtos. É muito importante ser bem definida a linha de produtos, pois sua pequena área precisa ser bem aproveitada. O nível de quebra em recente pesquisa mostrou-se alto, quase o dobro de um supermercado tradicional. Essa mesma pesquisa, feita pela GfK Brasil, constatou que cerca de 90% das lojas são de propriedade de organizações familiares.

Nos últimos anos, as grandes companhias entraram nesse nicho de mercado e surgiram importantes redes, como Minuto Pão de Açúcar, Carrefour Express e Hirota Food Express, entre outras.

As grandes padarias, que já faziam o papel de loja de vizinhança ou conveniência, estão aumentando sua linha de mercearia, operando em autosserviço e entrando nesse mercado.

SUPERMERCADO BIOLÓGICO, ECOLÓGICO E ORGÂNICO

Essa é a última novidade no varejo alimentício. Produtos biológicos, ecológicos ou orgânicos são cada vez mais procurados, o que tem fomentado o surgimento de lojas especializadas. Apesar desses termos terem definições um pouco diferentes, na verdade, os três são próximos em oferecer qualidade aos consumidores, baseados em sustentabilidade e no respeito ao homem e ao meio ambiente.

A linha de produtos é restrita, porém, com alguma variedade, mas pouca profundidade. Priorizam produtos da pecuária e agricultura sustentáveis, que são produzidos da forma mais natural possível, cujo sistema de produção visa respeitar o meio ambiente, dispensando o uso de agrotóxicos e fertilizantes sintéticos. Consequentemente, os alimentos produzidos tornam-se mais saudáveis. Loja ainda rara por aqui.

Cada vez mais os consumidores buscam por saúde, querem proteger o meio ambiente, terem qualidade e um sabor natural. Esses são os principais motivos que levam os consumidores a comprar esses alimentos. A loja mais conhecida por aqui é o Mundo Verde.

O E-COMMERCE ALIMENTAR NO BRASIL

Vamos completar os formatos falando do *e-commerce*, canal que cresce a cada ano e que vivenciou um verdadeiro *boom* em 2020 com a chegada da pandemia da covid-19, que acelerou a entrada de muitas empresas nesse jogo e fomentou o amadurecimento de quem já explorava esse universo.

Se o Pão de Açúcar foi o segundo grande marco divisório do autosserviço brasileiro, quando o assunto é a atuação física, no comércio alimentar eletrônico a companhia, literalmente, representa o primeiro grande marco divisório desse canal.

Em 1995, poucos anos depois da chegada da *internet* no País e do surgimento das primeiras lojas virtuais ligadas a outros segmentos do varejo, a companhia lançou o primeiro supermercado *on-line* do Brasil, o Pão de Açúcar Delivery, que viria a ser a base de uma operação que progrediu com o passar dos anos e que se estabeleceu como o principal *player* do varejo *on-line* de bens de consumo.

Para se ter uma ideia, a operação *on-line* de todo o GPA alcançou, na última semana de novembro de 2020, o número acumulado recorde de R$ 1 bilhão em vendas, resultado três vezes superior ao registrado no acumulado dos 12 meses de 2019.

Passadas quase três décadas deste primeiro passo, o *e-commerce* alimentar vem se popularizando cada vez mais. Não há grande rede que não tenha a sua operação digital, e médios e pequenos supermercados também estão "navegando nesses mares".

Esse é um caminho sem volta, mas vale ressaltar que, mesmo com o novo paradigma *e-commerce* de consumo, pela busca dos consumidores por conveniência e pelo amadurecimento do próprio varejo, as lojas físicas jamais deixarão de existir e seguirão firme e forte. Naturalmente, vão evoluir e se adaptar à medida que as estratégias *omnichannel* das companhias forem implementadas.

Vou juntar as características dos formatos em um quadro antigo que, sistematicamente, atualizo. Veja ele na página ao lado.

SUPERESTÓRIAS

Voltando a falar de Lisboa, durante a minha estada lá, em 1978, recebemos por alguns dias a visita do então diretor administrativo do Grupo Pão de Açúcar, o ex-ministro Luiz Carlos Bresser-Pereira. No dia seguinte, saímos para jantar e, ao final da refeição, o garçom nos perguntou se queríamos bica (aqui chamamos de café).

O Luiz Carlos pede "um". Eu penso um pouco e falo "dois". Após alguns minutos, o garçom nos traz "três" cafezinhos. Acreditem, não é só uma piada, aconteceu comigo.

SUPERMORAL

Não siga ao pé da letra as orientações da diretoria, como esse garçom.

O diretor passa a ideia do que quer e não os detalhes, e às vezes nem diz qual o melhor caminho.

Deixe fluir a orientação e trace seu plano de ação pensando nos objetivos determinados. Seguir ao pé da letra (ou do número) pode não ser o caminho correto.

FORMATOS	ÁREA DE VENDAS (M²)	Nº MÉDIO ITENS	% NÃO ALIM.	NÍVEL DE PREÇO	Nº DE CHECKOUTS	SEÇÕES
LOJA DE CONVENIÊNCIA	50/200	1.100	1	120	1/2	I, IV, V
LOJA DE SORTIMENTO LIMITADO	200/400	900	2	85	2/4	I, III, IV, V
SUPERMERCADO DE PROXIMIDADE OU VIZINHANÇA	150/400	6.000	1	110	2/4	I, II, III, IV, V
SUPERMERCADO COMPACTO	300/800	6.000	3	102	2/7	I, II, III, IV, V
SUPERMERCADO TRADICIONAL	800/2.500	12.000	5	100	6/14	I, II, III, IV, V, VI, VII, VIII
SUPERMERCADO GOURMET OU ES	1.000/1.900	16.000	6	106	5/12	I II III IV V VI VII VIII
SUPERLOJA (COMBO)	2.500/4.500	24.000	10	94	16/30	I, II, III, IV, V, VI, VII, VIII, IX, X
HIPERMERCADO	6.000/10.000	50.000	35	92	30/60	I, II, III, IV, V, VI, VII, VIII, IX, X
SUPERCENTER	8.000/12.000	60.000	40	90	30/60	I, II, III, IV, V, VI, VII, VIII, IX, X
LOJA-DEPÓSITO	3.500/5.000	8.000	7	88	20/30	I, II, III, IV, V, VI VII, VIII
CLUBE ATACADISTA	6.000/10.000	7.000	50	82	14/25	I, II, III, IV, V, VI, VII, VIII, IX, X
ATACADO AUTOSSERVIÇO MISTO	2.500/6.000	9.000	9	88	20/28	I, II, III, IV, V, VI, VII, VIII, X

Fonte: Ascar & Associados, abril/20

I - Mercearia, II - Carnes e Aves, III - Frutas e Verduras, IV - Frios e Laticínios, V - Bazar, VI - Peixaria, VII - Padaria, VIII - Rotisseria, IX - Têxtil, X - Eletroeletrônicos.

CAPÍTULO X:
ESTRATÉGIAS DOS DIFERENTES FORMATOS

> "Quando falar, cuide para que suas palavras
> sejam melhores que o silêncio."
> (Provérbio indiano)

A revista americana *Supermarket News* trouxe numa antiga edição uma ótima reportagem sobre a rede americana de supermercados The Fresh Market. Fundada em 1982, com sede em Greensboro, na Carolina do Norte, opera hoje 136 lojas em 26 estados.

Forte em pratos prontos, rotisseria, frutas, verduras e laticínios – tendo, em quase todas as lojas, uma cafeteria e uma seção de presentes e florais –, o foco dessas lojas não é o preço baixo, mas a qualidade dos serviços e produtos, em sua maioria, como se vê, perecíveis.

Parece que ela sabe, claramente, quem é, o que quer oferecer aos seus clientes e a que preço. E essa compreensão é a essência do sucesso de qualquer negócio. Por isso, aproveito o gancho para perguntar: e você, também sabe o que é, o que quer oferecer aos clientes e a que preço?

Embora compreender o próprio negócio e sua vocação seja o mais importante, não se deve subestimar a importância de compreender a concorrência também, o que acaba sendo um processo natural depois de que se é capaz de responder à pergunta do parágrafo anterior. Partindo do pressuposto de que é capaz de respondê-las, sigo este capítulo falando, então, da concorrência.

FASES CONCORRENCIAIS

Há alguns anos, desenvolvi a ideia de que houve seis fases concorrenciais no nosso mundo alimentício.

1. A primeira delas foi a briga entre mercearias tradicionais. Nos Estados Unidos, foi até 1930 e, no Brasil, até 1953. Só havia mercearias e feiras.
2. A segunda vai de 1930 até 1960 e a concorrência era entre as mercearias e os supermercados, que já eram uma realidade nos Estados Unidos. No Brasil, essa concorrência, que incluía também as feiras, se prolonga até 1967. Surge o ICM e as coisas melhoram para as lojas.
3. A terceira fase, nos EUA, vai até o fim da década de 1970, e consistia numa briga quase exclusiva entre supermercados. No Brasil, essa fase se arrasta até a segunda parte da década de 1970, quando um novo concorrente, o hipermercado, começa a entrar em forte concorrência com os tradicionais supermercados.
4. Numa quarta fase, agora só falando do Brasil, que vai até 1993, já brigavam vários formatos, supermercados, hipermercados, lojas de desconto, lojas de conveniência, clubes, drogarias etc. A gama de formatos varejistas vendendo alimentação já era enorme.
5. Na fase seguinte, de 1993 até 2004, todos que vendem ou servem alimentos competem entre si. Isso inclui os transformadores e os restaurantes.
6. A partir daí, o cenário piorou. A briga já era pelo *pocket share*, isto é, todos os ramos de negócios querendo receber uma parte do dinheiro do bolso do consumidor. Todos competindo com todos e com tudo. Até as despesas com viagens tiram a capacidade do consumidor de comprar e diminuem as vendas das lojas.

Volto a escrever, estamos falando de infinitos formatos e não mais dos 12 tradicionais do quadro do capítulo anterior. Já não se fala só de *pocket share*, mas de *mind share*, ou seja, conquistar um pedaço da mente do consumidor e não só do seu bolso.

A briga, agora, é muito maior. É todo mundo contra todo mundo e todos. Haja estratégia para vencer ou, ao menos, sobreviver. É preciso estar focado no seu público, já não tão homogêneo, e se manter nos seus diferenciais e nas suas estratégias.

ESTRATÉGIAS PARA O SUCESSO

Temos a possibilidade de usar várias estratégias para sermos bem-sucedidos na nossa loja. Preço baixo ou não, é uma das estratégias que os supermercados utilizam para definir sua personalidade, seu propósito e seu público-alvo. De tantas estratégias existentes e usadas, vou trabalhar com as três mais substantivas e mais importantes:

- Estratégias que enfatizam <u>preço</u>;
- Estratégias que enfatizam <u>variedade</u>;
- Estratégias que enfatizam <u>serviços.</u>

Obviamente, não posso focar, para minha loja, todas essas estratégias, mas escolher a que mais se adapta ao meu modo de querer ser supermercadista.

Quando foco em preço baixo, quero buscar um público que quer sempre economizar, mas não posso esquecer que é necessário um baixo investimento para montar a loja, para que o retorno sobre o investimento seja compensador. Tenho que lembrar que minha margem bruta será menor e, portanto, minhas despesas devem ser baixas para equilibrar o resultado.

Este quadro mostra quais formatos dão mais ou menos importância ao preço.

	PREÇOS ALTOS
Sortimento limitado	
Loja depósito	
Hipermercado	
Combo store	
Super loja	
Supermercado tradicional	
Supermercado especial	
Loja de conveniência	PREÇOS BAIXOS

A loja que mais se preocupa em vender com preços baixos é a loja de sortimento limitado, bem como a *warehouse store*, ou loja-depósito, que hoje é o nosso "atacarejo".

O grande apelo dessas lojas, ou quase o único, é o preço baixo, pois o sortimento e a variedade podem ser baixos, bem como a qualidade. Outro formato que dá muita importância a preços baixos é o hipermercado, mas com enorme variedade e sortimento.

Nesse grupo também ficam os "*discounters*", aqueles cujo foco é, basicamente, preço baixo, pois é isso que oferecem de mais importante. Suas campanhas de venda são feitas com muitas ofertas. Estão nesse grupo alguns hipermercados, ou *supercenters*, o Dia, Aldi, Save-a-Lot, Netto etc.

Aí vamos descendo nesta escala e vamos encontrar formatos que não precisam ou não podem vender barato. É o caso da loja de conveniência, que precisa vender mais caro (para fazer margem) e oferecer outros produtos de conveniência aos clientes para gerar comodidade e estimular a venda por impulso. Mas conveniência, serviço, variedade e qualidade já são outras estratégicas.

Um segundo grupo de lojas pode ter como foco sua variedade. O hiper, querendo ser o vendedor de quase tudo, foca muito em variedade total. Os clientes resolvem suas necessidades diversas de compra só nessa loja e andam menos de carro, tendo só ela como destino. Menos tempo no trânsito, porém, mais tempo dentro da loja. No outro extremo, ficam as lojas com baixa variedade, bem como tamanho reduzido. São as lojas de conveniência e as de sortimento limitado.

No terceiro grupo, estão as melhores lojas para se comprar, as que oferecem serviços. Operam com uma linha de produtos muito diferenciada, muito atendimento e solução de refeição, refinamento físico e, como ninguém é mágico, são um pouco mais caras, mas não necessariamente. Aqui, se encontram o Santa Maria, St. Marché, Santa Luzia, algumas lojas do Pão de Açúcar e do Zona Sul, do Zaffari e dos americanos Whole Foods, Wegmans e The Fresh Market. Tendem a vender ao mais alto preço que a concorrência permita (minha classificação) e os clientes aceitem. Precisam de boa margem bruta para pagar tudo o que oferecem.

Vamos, então, ter uma visão dessas três estratégicas maiores, usadas sempre de forma combinada. O quadro a seguir mostra como os diversos formatos de loja estão classificados nas três estratégias básicas, e como usam essas estratégias. Assim, em vez de mostrar um quadro para cada um, vamos juntar todos os formatos em um só quadro e conhecer como cada um deles atua nas suas estratégias.

PREÇOS ALTOS	ALTA VARIEDADE	ALTA QUALIDADE E SERVIÇOS
Sortimento Limitado	Hipermercado	Supermercado Especial
Loja Depósito Atacado AS	Combo Store	Super Loja
Hipermercado	Super Loja	Combo Store
Combo Store	Supermercado Especial	Loja de Conveniência
Super Loja	Loja Depósito Atacado AS	Supermercado Tradicional
Supermercado Tradicional	Supermercado Tradicional	Hipermercado
Supermercado Especial	Loja de Conveniência	Loja Depósito Atacado AS
Loja de Conveniência	Sortimento Limitado	Sortimento Limitado
PREÇOS BAIXOS	BAIXA VARIEDADE	BAIXA QUALIDADE E SERVIÇOS

Vou apresentar alguns exemplos:

- O supermercado tradicional é bem equilibrado em tudo. Os preços são médios, a variedade é média e oferece o necessário em termos de qualidade e serviços. Não quer ser o mais barato, mas também não quer a imagem de careiro. Tenta ganhar com localização, vizinhança e "afreguesamento". É o tal supermercado de bairro.
- Já a loja de conveniência é a mais careira e tem pouca variedade, mas oferece boa localização e rapidez para comprar.
- Vamos dar uma olhada no fenômeno do momento no Brasil, o "atacarejo", que no quadro é chamado de loja-depósito. Vende barato, pois esse é seu grande atrativo, e tem uma variedade bem razoável. Porém, como não dá para ter tudo, o aparelho físico pode não ser tão elegante e a qualidade de produtos e serviços pode ser menor.
- Outro exemplo é o hipermercado, que tem preços baixos como atrativo, além da enorme variedade de produtos, mas oferece menos qualidade e serviços. Quando falo em qualidade, é num sentido mais amplo, isto é, ter que andar muito de carro e muito a pé na loja. Será que compensa eu pagar um pouco menos por esses desconfortos?

De forma semelhante, é possível analisar e entender as estratégias de todos os formatos. Seguem duas experiências que tive e que mostram bem essa análise.

DOIS EXEMPLOS AMERICANOS

Em 1985, visitei inúmeras redes e lojas pelo mundo afora, para ter uma fotografia do momento varejista. Tive a companhia do Sylvio Luiz Bresser-Pereira e do Walney de Figueiredo Brito, ambos também diretores do Pão de Açúcar. Na passagem pelo Texas, visitamos as redes Fiesta e Randalls, cicereoneados pelos seus respectivos presidentes. Na visita a uma loja Fiesta, conheci uma loja, tipo hipermercado, meio bagunçada em seu *layout* e exposição de produtos e com funcionários relaxados e malvestidos, focada em um público hispânico e tendo recebido um baixo investimento. Sua estratégica era focada em preços baixos. O presidente da rede Fiesta me dizia ele estar satisfeito com sua imagem e com suas vendas.

Ao conhecer o Randalls vi uma excelente superloja com um refinado aparelho físico, muita qualidade nos serviços, alta variedade e, acreditem, tinha também preços baixos como estratégia. Ao conversar com seu presidente, enquanto nos dirigíamos ao carro, ele fez o seguinte comentário. "Estava difícil tirar vendas dessa loja focada em hispânicos, o Fiesta. Eu sou melhor que ele, em tudo, e ainda vendo até mais barato, só que ninguém acredita". Ora, ele oferecendo uma excelente loja com enorme variedade e serviços muito bons não conseguia passar a imagem que também era barateiro, que também focava em preços baixos. A verdade é que não dá para focar em tudo, até porque as pessoas não acreditam ou não conseguem assimilar tantas características de uma mesma loja.

A loja mais "feinha" dá uma ideia de que vende barato. Foi pensada para ser isso. Essa é sua estratégia. Sua loja tem que ser aquilo que você se propôs e que seu público-alvo quer. Não desfoque, não se engane e, principalmente, não o engane. É preciso haver coerência nas estratégias escolhidas.

Outro exemplo que tive foi em Chicago, nesta mesma viagem de estudos, ao visitar dois concorrentes numa mesma rua com uma distância de três quarteirões entre eles. Visitei um Jewel-Osco muito bom e, em seguida, fui para um Dominick's, também ótimo. Neste, conversando com o gerente, falávamos das qualidades das duas lojas e, então, perguntei a ele sobre sua estratégia de preços para competir com o concorrente.

Ele me respondeu que não competia em preços. Tinha sua estratégia focada na alta qualidade de seus serviços e numa excelente variedade de produtos.

Além disso, seguia a orientação de preços da central e, por tudo que oferecia, não poderia ficar pesquisando os preços do concorrente e mexendo nos seus. "Eu faço a minha proposta de loja aos clientes e sou fiel a ela. Competir também em preços, aí já é demais."

Essa foi uma viagem muito produtiva e com excelentes aprendizados.

Assim, seja sempre você, com seus focos e estratégias definidos, e mantenha a rota para chegar a algum lugar. Se você não sabe para onde quer ir, não vai chegar a lugar algum.

O que você quer ser? Qual o seu público? O que quer oferecer? Qual sua proposta de loja? Que estratégias vai usar? Raciocine e responda a essas perguntas para saber qual é o seu norte.

Nesse mercado tão fortemente competitivo, prepare-se com:

- Contínuas informações sobre seus clientes e o que querem;
- Contínuas mudanças nas lojas para servi-los;
- Gestão e tecnologia são inseparáveis;
- Informatização é seu único caminho;
- *Marketing* de relacionamento por loja;
- Ambiente de modernidade;
- Contínua atenção a seus funcionários;
- Conveniência é a palavra de ordem;
- O caminho é por perecíveis e pelos pratos prontos;
- Agregar valor aos produtos;
- Dar ênfase à solução para refeição e não aos ingredientes;
- E, principalmente, prepare-se pesquisando, estudando e se aperfeiçoando.

POSIÇÃO RELATIVA DOS FORMATOS

A relação típica entre variedade e valor agregado ilustra a vocação de cada formato, bem como o seu posicionamento.

SUPERMERCADOS NO BRASIL

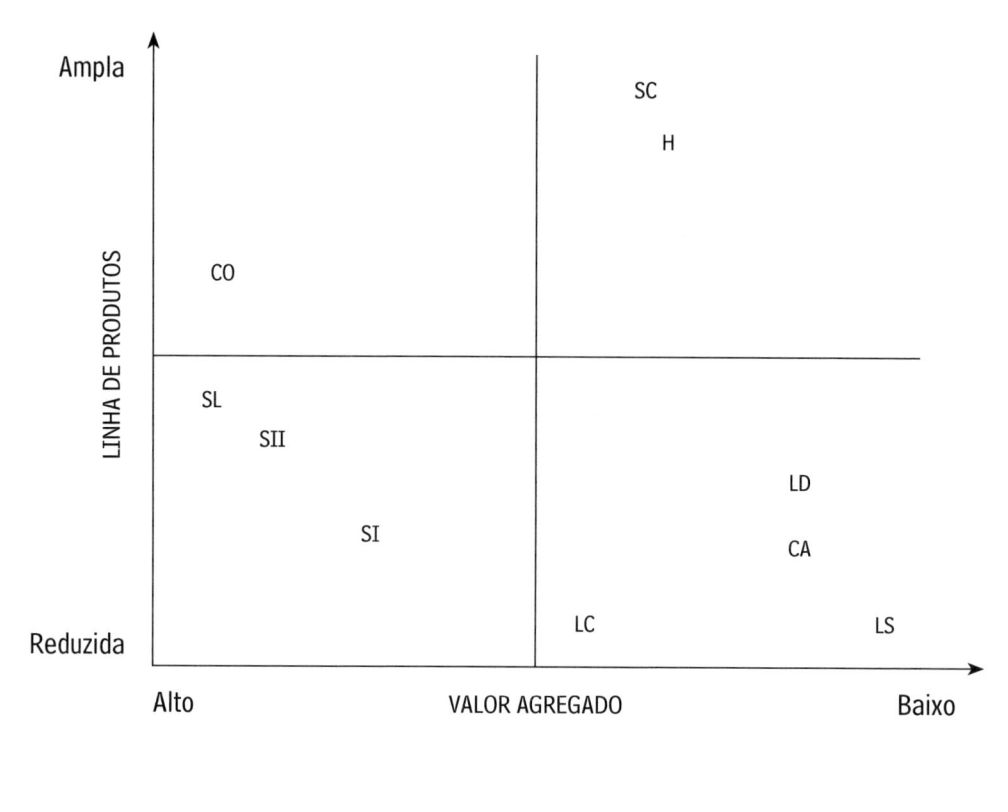

```
Ampla │                    │
      │                    │    SC
      │                    │    H
      │                    │
      │     CO             │
──────┼────────────────────┼────────────────────
      │                    │
      │  SL                │
      │    SII             │              LD
      │                    │              CA
      │        SI          │
      │                    │
      │                    │  LC          LS
Reduzida                                        →
      Alto         VALOR AGREGADO         Baixo
```

LINHA DE PRODUTOS

SC - Super Center
H - Hipermercado
LD - Loja Depósito
CA - Clube Atacadista

SII - Superm. Convencional
LC - Loja de Conveniência
LS - Loja de Sortimento Limitado
SL - Super Loja

CO - Combo
SI - Superm. Compacto

◇◇

SUPERESTÓRIAS

Um suíço perdido, numa estrada no Brasil, para ao lado de duas pessoas e pergunta:
– Entschuldigung, koennen sie deustsch sprechen? Os homens ficaram mudos.
– Excusez moi, parlez vous français? Continuaram mudos.
– Prego, signore parlate italiano? Nada falaram.
– Hablan ustedes español? Nenhuma resposta.
– Please, do you speak english? Nada ainda. Muito angustiado, ele vai embora.

Um vira para o outro e diz:
– Manoel, talvez devêssemos aprender uma língua estrangeira.
– Mas por quê? O moço fala cinco e adiantou alguma coisa?

SUPERMORAL
É só uma piada. Não vão levar a sério a última frase deles.

CAPÍTULO XI:
EVOLUÇÃO DOS
LAYOUTS SUPERMERCADISTAS

> Quando a neve cair e os ventos soprarem,
> o lobo solitário morre, mas a alcateia sobrevive.
> Que o trabalho em equipe fortaleça sua empresa
> e as pessoas que nela trabalham.

Neste capítulo, não tenho a intenção de explicitar, tecnicamente, os diferentes *layouts* existentes e listar suas qualidades e defeitos. Seria um trabalho muito profundo e específico, voltado para os arquitetos e projetistas, que são os especialistas no assunto.

Pretendo, aqui, lhes trazer meus estudos e conclusões sobre a evolução dos *layouts* das lojas de alimentação, saindo das primeiras *grocery stores* em autosserviço, surgidas no começo do século 20, nos Estados Unidos, e chegando à diversidade de lojas existentes hoje no país. Complemente este capítulo lendo meu artigo "*Layouts* muito comportados", que está no capítulo XIII desde livro.

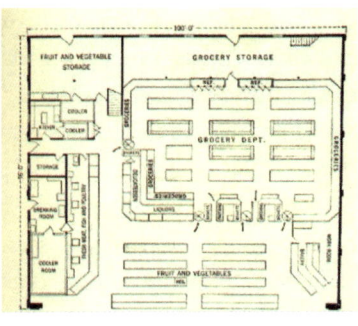

A distribuição correta das seções na área de vendas, com equipamentos de exposição eficientes dos produtos, são fatores decisivos de atração e fidelização dos clientes. É preciso uma atmosfera que encante as pessoas. Convém lembrar que, hoje, não se pode ficar muito tempo dormindo nas glórias da loja. Ela precisa se manter sempre atualizada e isso exige ser remodelada, em média, a cada cinco anos. Uma grande reforma a cada dez anos a manterá em dia com as novidades constantes do mercado.

Vou mostrar o que aconteceu com os *layouts* ao longo das décadas. Foi o meu jeito de conseguir teorizar esse tema. Entenda, no entanto, que em cada década este seria o padrão dominante, porém, havia muitas outras formas e alternativas de desenvolver a área de vendas.

Nos anos 1950, no Brasil, os *layouts* das poucas lojas existentes eram simples, condicionados ao tamanho dos terrenos e imóveis, normalmente com frentes pequenas, o que limitava a criatividade que, ainda bem, na época não era tão necessária. Era só copiar outra loja, de preferência das redes que chamei de "marcos divisórios".

Assim, a maioria delas, nessa década, era semelhante e tinha mais fundo que frente, com isso, limitando o número de caixas registradoras. E, com a profundidade maior, todos os perecíveis eram jogados no fundo da loja, próximos à entrada do depósito, o que facilitava o manuseio deles.

PRIMEIRA GERAÇÃO

Os *layouts* simples, dos anos 1950, perduraram na década de 1960 e continuam, ainda, mantidos em algumas lojas de independentes. Normalmente, a entrada do cliente era pela direita, para ele circular no sentido anti-horário. Alguns especialistas diziam que era o sentido mais racional para a mente das pessoas. Raras lojas tinham o sentido do relógio como orientação de circulação. O desenho a seguir dá uma ideia disso. Na entrada, havia um balcão para guardar volumes e sacolas que impedia um pouco os furtos. O critério adotado para definir o número de *checkouts* era de um para cada 100 metros quadrados de área de vendas.

A mercearia era o destaque e ocupava quase toda a loja. A área de perecíveis era bem pequena, se comparada às atuais, pois o número de itens dessas seções era muito reduzido. Normalmente, era colocada no fundo da loja. Com poucos produtores e fabricantes, a oferta de produtos se limitava à variedade existente no mercado brasileiro.

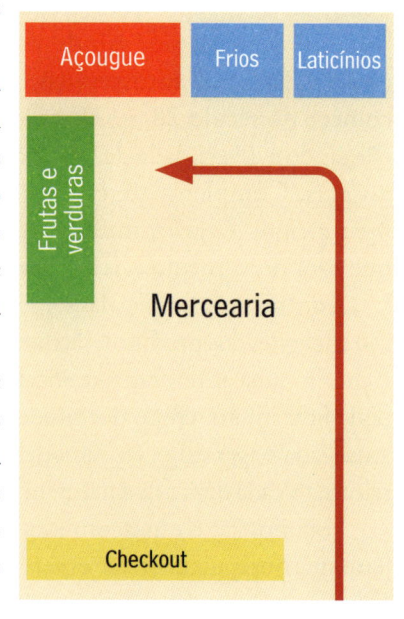

Observe que a mercearia ocupava cerca de 70% da área de vendas. O número de itens comercializados estava em torno de 5.000. A seção ou departamento de frutas e verduras podia se localizar em frente aos frios e laticínios, bem como em frente ao açougue, já no caminho de saída da loja. Na época, diziam que era para os delicados produtos serem colocados nos carrinhos bem em cima, portanto, não sendo amassados pelos produtos mais pesados.

SEGUNDA GERAÇÃO

No início da década de 1970, já apareciam algumas poucas lojas colocando a seção de frutas e verduras à direita, logo após a entrada, pois a frente das lojas com mais espaço permitia a inclusão de mais *checkouts* e abria mais espaço nas laterais do estabelecimento. Mas a principal característica era o formato ainda quase quadrado, começando, no entanto, a ter frentes mais ambiciosas. A padaria começa a ser implantada em várias lojas, afinal, os lojistas querem trazer os clientes todos os dias para a sua loja e competirem com as padarias do bairro. O açougue continua a estar situado no fundo, à esquerda.

A área destinada aos perecíveis cresceu um pouco, condicionada a um maior número de itens oferecido a partir da inauguração, em 31 de maio de 1969, do Ceasa em São Paulo. Operando, inicialmente, com frutas, legumes, verduras, pescados e flores, o entreposto ampliou a comercialização desses produtos, inclusive para outros estados do país. Ele é, hoje, o terceiro maior entreposto do mundo e o primeiro da América Latina.

Na década seguinte, vários outros estados inauguraram uma operação semelhante. Começava a surgir uma tímida seção de peixes e uma crescente linha de congelados.

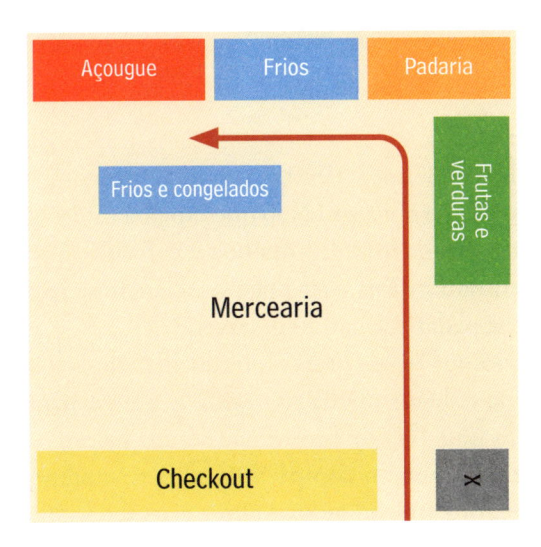

TERCEIRA GERAÇÃO

Os anos 1980 foram mais criativos com a seção de florais na entrada da loja e os perecíveis ganhando muita importância, sendo distribuídos nas laterais e no fundo das lojas. Surge também a seção de pratos prontos ou semiprontos, chamada de rotisseria.

O formato da loja já era só retangular com uma frente maior e, assim, crescia o número de *checkouts*. A seção de frutas e verduras cresceu de tamanho e importância, melhorando muito a alimentação no país. O seu consumo cresceu muito condicionado à importância que esses produtos traziam para a saúde.

A venda de peixes e frutos do mar ganha muita importância. As seções de perecíveis já começam a ocupar metade da área de vendas. Começa a surgir, e é usado até hoje pelos americanos, o termo "*center store*", isto é, "centro da loja", para se referir à seção de mercearia. Ao redor do centro, isto é, na periferia, ficavam as seções de perecíveis. O desenho abaixo deixa clara essa ideia.

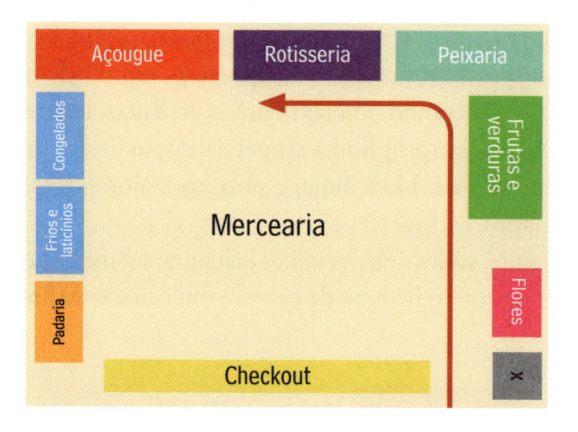

QUARTA GERAÇÃO

A entrada da loja, nos anos 1990, passa a contar com florais e a seção de frutas e verduras vem logo em seguida, o que espelha muito melhor a qualidade e o frescor dos produtos da loja. É uma boa e colorida visão para mostrar aos clientes logo que entram na loja. Uma pequena lanchonete ganha espaço e importância ao lado da padaria, quando possível.

A palavra americana "*meal solution*", traduzida como solução de refeição, é cada vez mais falada e desenvolvida nas lojas. É uma expansão da rotisseria já existente, que já era uma ilha de frios e não só um balcão. Os supermercados, nessa ocasião, querem também competir com os restaurantes. Além de terem lanchonetes, começam a ter pequenos e autênticos restaurantes.

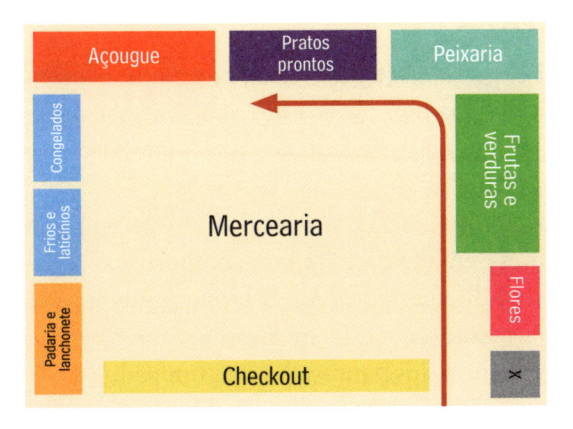

QUINTA GERAÇÃO

No fim dos anos 1990 e já nos anos 2000, a variedade de opções de *layout* cresce muito. Melhora a área destinada aos perecíveis como um todo, que começam a usar mais de 50% da área de vendas, e torna-se uma realidade a venda de refeição pronta ou semipronta para o cliente levar para casa. É comum pratos brasileiros, italianos, japoneses e até árabes.

O que também cresce é a alimentação no local, que se fortalece e se consolida. A competição, agora, já é também com os restaurantes e *fast-foods*. Passa a ser um forte apelo lojas tendo uma lanchonete e um ou dois restaurantes, como já é muito comum em vários outros países.

Começa a ser obrigatória a ilha de frios e laticínios. A padaria passa, realmente, a competir com as padarias independentes, com bons profissionais, e desenvolvendo uma linha muito rica em doces, bolos e variados tipos de pães.

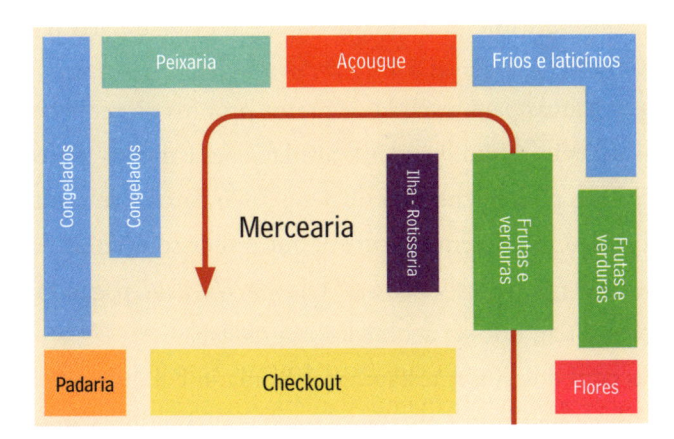

SEXTA GERAÇÃO

Nos anos 2010, passamos a ter infinitos formatos e *layouts*. Já não há mais regras. Já não há mais padrão. Todos querem se diferenciar e criam, a partir de pesquisas, ou não, uma variedade de *layouts* em busca dessa diferenciação e de uma modernidade.

Em setembro de 2004, escrevi um artigo que está no capítulo XIII, no qual falava dos constantes e enfadonhos "*layouts* comportados" e da necessidade de se criar lojas diferentes e diferenciadas. Ainda levou alguns anos, mas a criatividade, o encantamento necessário e a diferenciação fizeram surgir *layouts* de diversos tipos, impossíveis de juntá-los para estabelecer um padrão, pois ele já não existe. Já posso falar em infinitos formatos e *layouts* de loja.

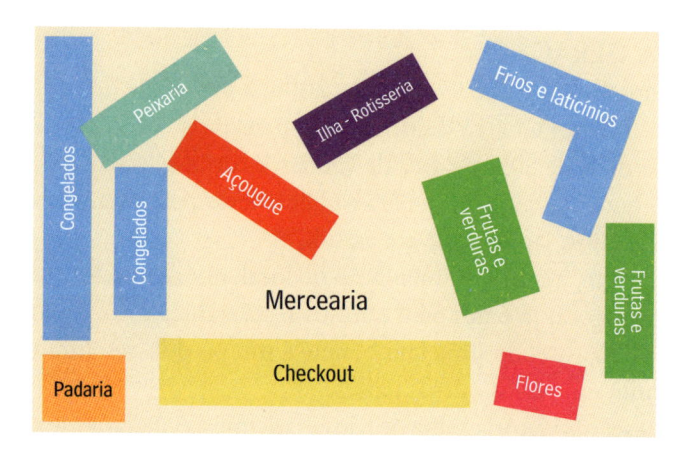

Num breve resumo final, lembro que os *layouts* devem considerar:

- A venda *on-line*, que já é uma realidade e exige espaço para a entrega das compras.
- Desenvolva áreas para a venda de pratos prontos ou semiprontos.
- As lojas deverão, assim, vender mais refeições e menos ingredientes.
- Os perecíveis podem chegar a 60% ou 70% da área de vendas.
- Já há formato focado em hortifrúti, que é sucesso no mundo.
- *Self-checkouts* é outra realidade e até loja sem *checkout*, pagando com celular.
- O ambiente tem que ser acolhedor e agradável.
- Há lojas com dois a três restaurantes e uma, o Eataly, com vários.
- A seção de carne é ainda, obrigatoriamente, no fundo e à esquerda da loja.

- Lojas de vizinhança, as *urban stores*, vieram para ficar.
- Produção hidropônica de verdura na loja.
- Produtos feitos na própria loja ficaram importantes e trazem boas margens.
- Ofereça uma experiência de compras excitante que motive os clientes a voltar.

HOJE, O CÉU É O LIMITE

Em uma entrevista, em julho de 1999, declarei: "Vale de tudo para cair nas graças do consumidor". E isso vale até hoje.

Não há mais limites. Cada rede desenvolve e cria algo novo, diferente e focado em seu público ou em um outro público que quer conquistar. Como temos infinitos públicos e nichos, *clusters* etc. temos, também, infinitos formatos e *layouts* para ir ao encontro das necessidades e desejos de cada um.

E acredite, até os enfadonhos, mas vitoriosos, *hard discounts* alemães já começaram a ter lojas novas com novos conceitos de *layout*, estacionamento etc., bem mais adaptados aos anseios dos clientes, que continuam a querer preços baixos, mas com algum charme.

Não há mais regras, a criatividade mercadológica é o limite. Cada empresa tem as suas crenças e verdades. Esteja livre para fazer o que acha que vai encantar seus clientes.

Veja, a seguir, alguns *layouts* supermodernos que puseram fim à era da padronização observada nas décadas anteriores. A lógica, agora, é encantar e ser prático, funcional e intuitivo.

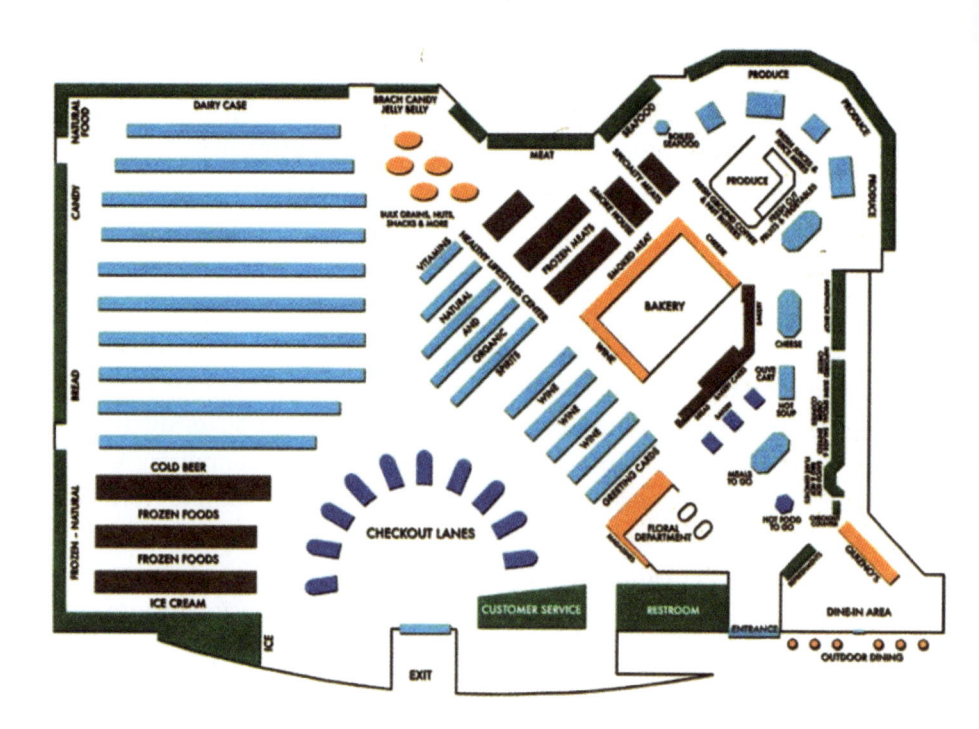

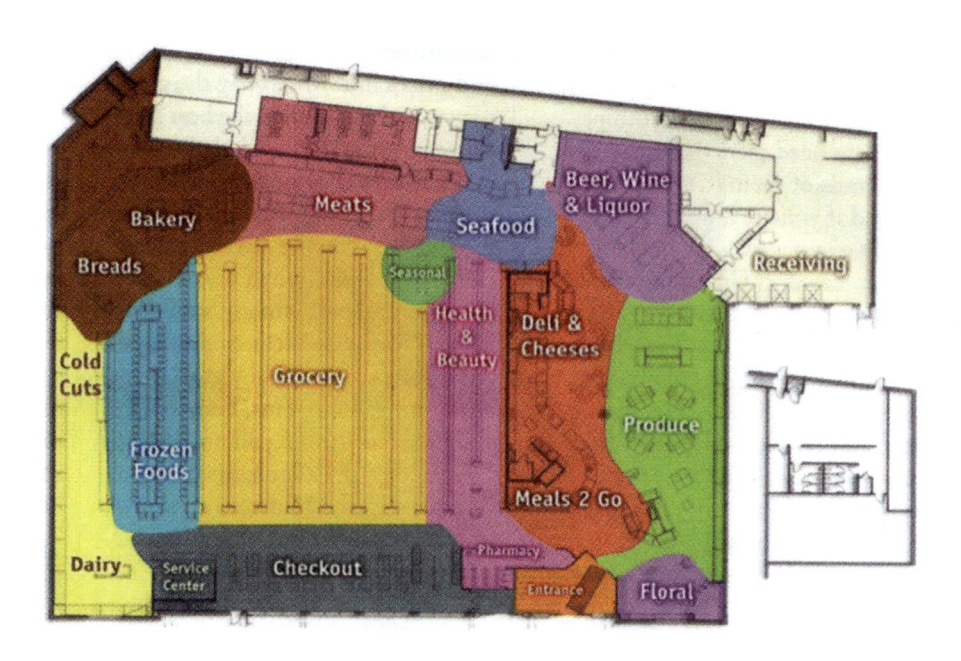

SUPERMERCADOS NO BRASIL

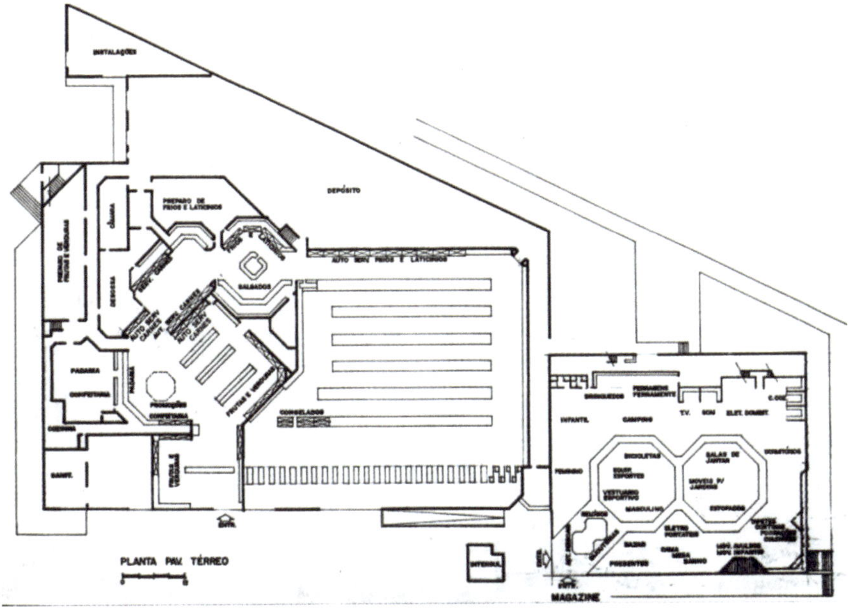
DEPÓSITO
PLANTA PAV. TÉRREO
MAGAZINE

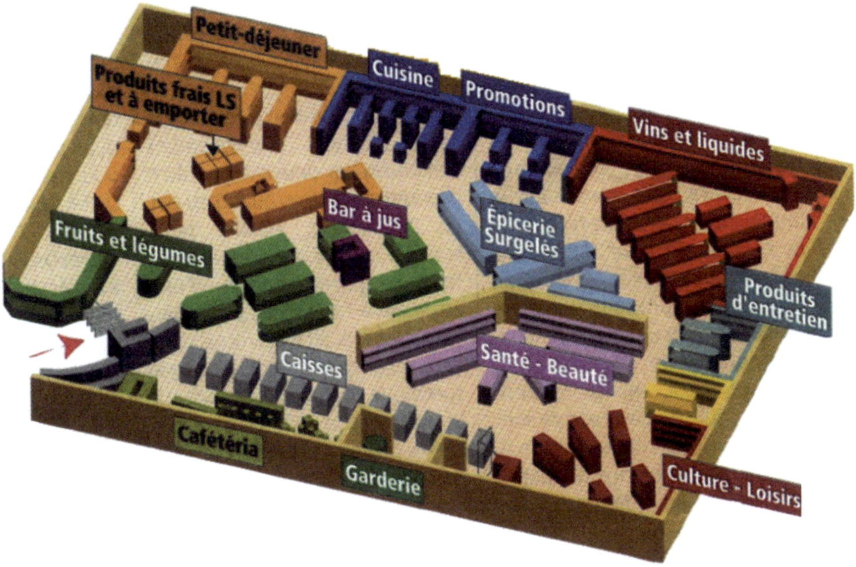
Petit-déjeuner
Produits frais LS et à emporter
Cuisine
Promotions
Vins et liquides
Bar à jus
Épicerie Surgelés
Fruits et légumes
Produits d'entretien
Caisses
Santé - Beauté
Cafétéria
Garderie
Culture - Loisirs

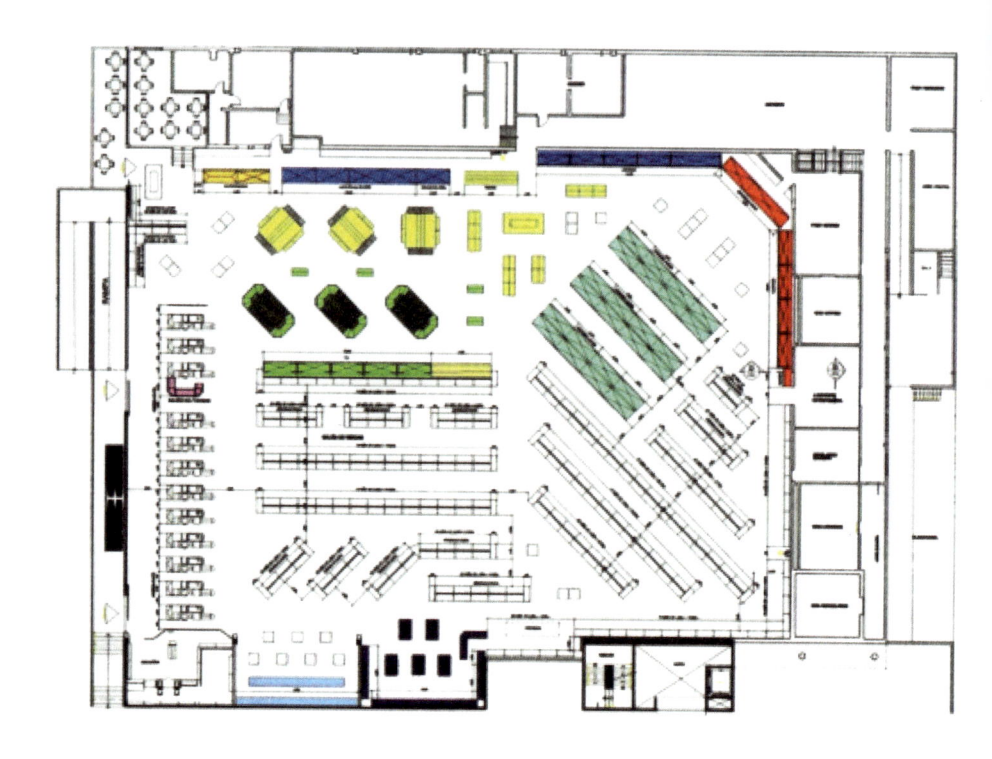

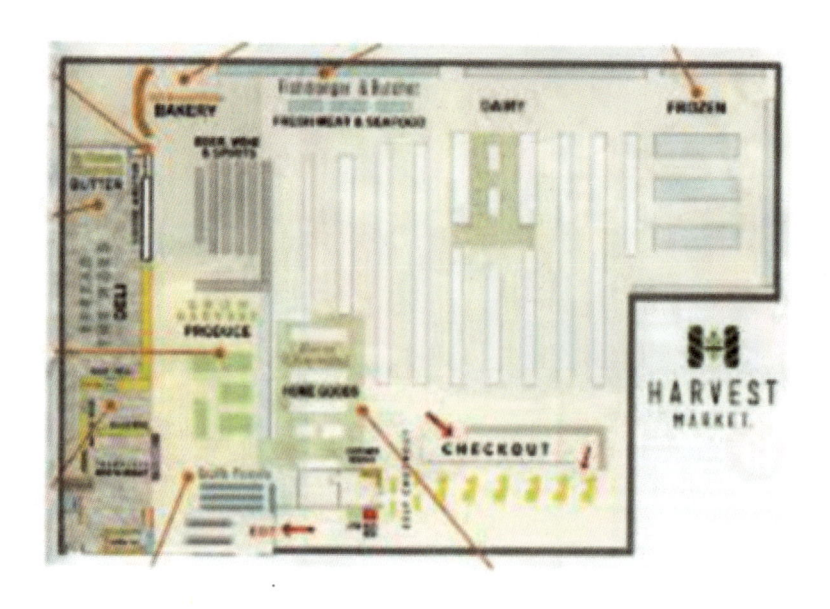

SUPERMERCADOS NO BRASIL

ANTONIO CARLOS ASCAR

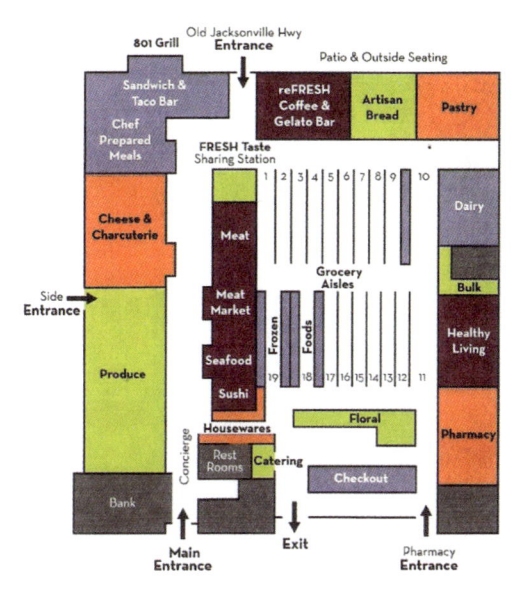

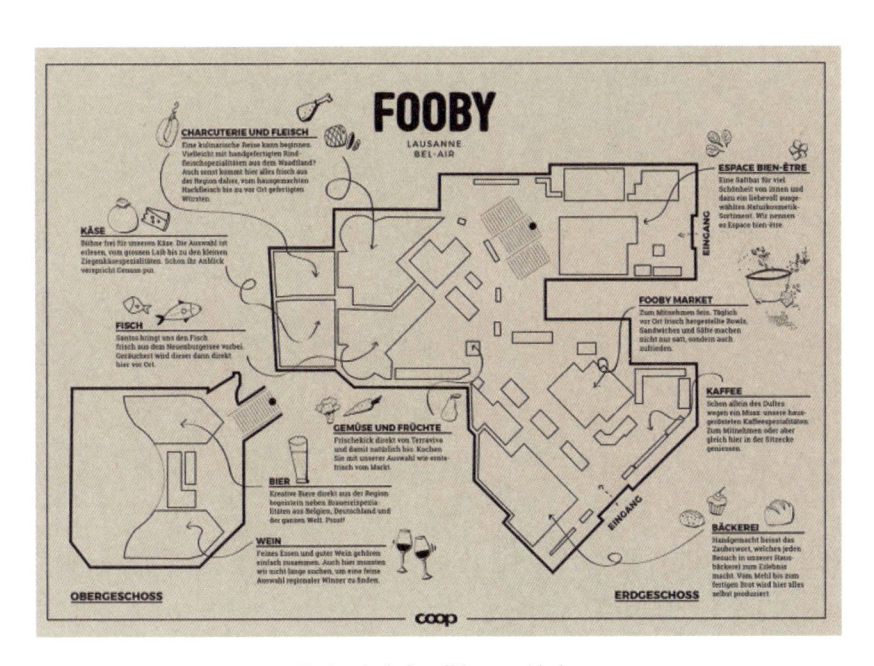

Fooby, da Suíça, última novidade.

161

SUPERESTÓRIAS

Estive em Curitiba, em maio de 2001, para coordenar um Fórum de Varejo da Abras. Era um programa de um dia com quatro temas sendo debatidos. Um deles era sobre tecnologia no negócio dos supermercados, um tema difícil, para a época, pois era algo novo e muito técnico.

Palestrante do tema, o especialista Paulo Sérgio Palmério, no entanto, falou de uma forma simples, clara e com um excelente conteúdo técnico. O tema foi muito bem exposto e, pelo silêncio, pude perceber o interesse de todos.

Ao final da apresentação, para elogiar o palestrante, disse:

— Falar difícil é fácil, qualquer um pode. Falar fácil um assunto difícil é que é difícil. Parabéns. É preciso conhecer muito bem o tema, e ser uma pessoa amadurecida e evoluída.

Aí, o meu amigo Roberto Demeterco me pediu para repetir a frase. Acho que foi mais provocação do que um pedido. Eu me atrapalhei todo repetindo:

— Fácil é falar difícil, sobre tema fácil. Difícil é falar fácil sobre um tema difícil.

SUPERMORAL

Quanto mais fácil se expressar, mais fácil passará sua mensagem.

CAPÍTULO XII:
MEUS TIPOS INESQUECÍVEIS

> Sempre que converso com um triunfador
> e pergunto o porquê de seu sucesso, só obtenho
> uma resposta: porque amo o que faço.

Nós somos o resultado genético e social dos nossos pais, avós e antepassados. Adquirimos o jeito deles de ser, absorvemos o que gostamos de cada um e rejeitamos a forma de vida daqueles que não gostamos. Muitas vezes, nós seguimos a profissão do pai ou assumimos seu negócio como se isso fosse o mais natural. Vamos, assim, formando uma pessoa com todas essas interações e relacionamentos.

Uma manhã estava eu pensando e desenvolvendo a ideia deste capítulo e me lembrei de meu grande amigo, Raymundo Magliano Filho, um companheiro de cursinho, de faculdade e de bons e maus momentos até os dias de hoje. Há mais de 55 anos, falávamos em um almoço sobre o que queríamos ser. Ele queria seguir a carreira do pai, e também almejando ser, mais tarde, presidente da Bovespa, a Bolsa de Valores de São Paulo, e eu não almejava seguir a medicina de meu pai, pensava sobre o que queria ser profissionalmente e por onde gostaria de ir. Continuava me preparando, no entanto, dando aulas e estudando Administração de Empresas. Ainda não formado na faculdade, quando entrei nesse "maravilhoso mundo supermercadista", eu me encontrei.

Essa paixão que tive desde meu primeiro dia de supermercadista foi formando o meu "eu" profissional através da interação com centenas de pessoas, cada uma contribuindo para o meu aprendizado e formação.

Quando criança, lembro que havia uma publicação de leitura obrigatória para toda a família, que era a revista Seleções. Era uma tradução da americana *Reader's Digest*, que tinha surgido nos idos de 1922, e existe até hoje. Lembrei-me de uma seção mensal que se chamava "Meu Tipo Inesquecível", em que alguém escrevia algo sobre alguém que marcou a sua vida. Assim surgiu a ideia deste capítulo.

Alguns desses "tipos" já apareceram em capítulos anteriores. É o caso do homem responsável pelo meu recrutamento, seleção e admissão no quadro de funcionários do Pão de Açúcar, pessoa que até hoje admiro muito. Vamos a ele, ao meu primeiro tipo inesquecível.

Comecei no autosserviço em 23 novembro de 1965, no Grupo Pão de Açúcar, a convite do ex-ministro **Luiz Carlos Bresser-Pereira**, na época meu professor da Fundação Getulio Vargas e diretor administrativo da empresa. Eu ainda cursava o último ano de Administração de Empresas na FGV.

Entre seis candidatos a estagiário, fui o escolhido para esta rede que operava, à época, seis lojas na cidade de São Paulo. Durante algum tempo fiquei subordinado a ele e comecei a me relacionar com os irmãos Diniz, que já eram meus conhecidos.

O Luiz Carlos continuou a ser meu professor, como tinha sido na faculdade, formando em mim uma sólida base de conhecimento administrativo e me orientando nos meus primeiros passos e na forma de me relacionar com as pessoas. Até hoje lembro, com muita saudade e admiração, dessa figura que me abriu esse caminho profissional.

Um dia, eu saía da faculdade, às 12h, para ir para casa almoçar e me trocar para ir ao escritório, como fazia todos os dias. Descia a avenida Nove de Julho e o carro quebrou. Era um Ford preto conversível 1946 e bem velho, mas inesquecível. Estacionei na calçada e chamei por socorro. O carro só ficou pronto lá pelas 16 horas e eu, todo sujo, tinha que ir para casa tomar banho, me trocar, comer, o que faria com que eu chegasse no escritório lá pelas 18h, que era meu horário de sair. Decidi que não valia a pena.

Tomei uma bronca no dia seguinte. O Luiz Carlos falou muito sobre disciplina e compromisso, valores que eram considerados pela empresa, e que mesmo se eu fosse chegar para trabalhar uns 15 minutos, eu tinha que ir. Aprendi a lição. Desde então, chegava para trabalhar às 7h50 e só encerrava meu expediente após as 20h. O aprendizado foi bom, pois, após três anos, já em 1968, criamos um departamento de Recursos Humanos e eu fui promovido para ser seu primeiro gerente.

Volto a dizer que estou consciente de que, como profissional, sou a soma de inúmeros contatos com pessoas e a soma de ações, atitudes e, principalmente, conhecimento que adquiri de todos. Tanto é verdade que, até hoje, trago na memória tudo o que um encarregado de caixa de um supermercado me transmitiu de conhecimento no início do meu estágio. Aprendi a dar valor ao trabalho, ao dinheiro e economizar com ele.

Falo de uma figura simples, mas forte, o meu segundo tipo inesquecível, o **Manuel de Andrade**, cujas maiores virtudes eram a seriedade e a dedicação ao trabalho. Um português, ainda com muito sotaque, que era o encarregado de caixa da loja em que eu estagiei, o Pão de Açúcar número seis, da avenida Professor Alfonso Bovero, 1425, em São Paulo. Era uma loja que pertencera ao supermercado Tip Top e que tinha sido adquirida pela empresa.

Até hoje me lembro dele e do que me ensinou. Foi, mais tarde, promovido para a gerência da unidade do bairro do Pari, na zona leste da capital.

Como fiscal de caixa, era incumbido de olhar atentamente para os movimentos das operadoras, acompanhar o registro de mercadorias, não deixar passar nada sem que tivesse sido registrado. O objetivo era dar apoio ao trabalho das operadoras de caixa e, ao mesmo tempo, evitar desvios de mercadorias ou dinheiro. Passei toda a primeira semana, cerca de dez horas por dia, na frente dos caixas, circulando de um lado para o outro, vigiando. O que fazer e o que não fazer começava a ficar mais claro para mim. Foi por onde comecei.

Também senti como é um trabalho difícil, física e mentalmente, passar oito ou mais horas por dia de pé, na área de vendas. Porém, é lá que tudo acontece, e não nos escritórios. Esta foi uma importante lição que recebi. Mais importante ainda foi que, naquele trabalho aparentemente simples, comecei a me apaixonar pelo ramo.

Aprendi também com ele a dar muito valor ao dinheiro, não por ele em si, mas pelo que ele pode proporcionar. Como seu maior sonho era voltar para a "terrinha", em alguns dias da semana, para economizar, ele saía da loja, que era na Pompeia, e ia a pé até sua casa na Mooca, economizando a condução. Ia ficando mais perto de seu sonho. Esse encarregado de caixa, para mim, foi um tipo inesquecível. Acho que hoje deve estar vivendo na "terrinha".

Com os outros encarregados, me inteirava do trabalho nas diversas seções da loja e de suas atribuições, e formava o meu conhecimento varejista com muitos professores.

Meu terceiro tipo inesquecível foi o **Abilio Diniz**, caracterizado por sólidos conhecimentos, determinação, muito trabalho, dedicação, perseverança em busca de objetivos e segurança nas decisões. Ele me inspirou a pensar, decidir e agir o mais rápido possível.

Abilio dizia: decida e saia fazendo. Se der certo, ótimo. Se não der, você ainda tem tempo de repensar e começar de novo. Foi sempre a forma como aprendi a tocar os negócios do grupo sob minha responsabilidade. Você pode até demorar para chegar à decisão final, mas, em seguida, aja rapidamente. Foi pena não ter aprendido com ele como ganhar mais dinheiro e, também, a ser um bilionário.

Falar mais sobre ele é perder tempo, pois no ramo e no país é figura muito conhecida. Era meu companheiro de tênis de todos os sábados. Era ótimo esportista e treinava com muita determinação. Uma vez, ele teve tênis *elbow*, uma dor que ocorre do lado externo do cotovelo de tenistas, deixando-o uns meses sem jogar. Após um mês, numa sexta-feira, ele me liga para combinar um jogo no sábado. Perguntei se ele já estava bem, pois a recuperação tinha sido muito rápida. Ele disse que, no dia seguinte, eu saberia.

Não é que ele ficou esse mês treinando com a mão esquerda. É muita determinação, perseverança e aplicação. Até brinquei com ele: se você não ganha de mim com o braço direito, muito menos com o esquerdo.

Abilio sempre estava e está atrás de se superar em tudo o que decide fazer. Eu me espelhei muito nele para a minha vida profissional.

Outro tipo inesquecível foi o suíço **Otto Engeler**, de uma disciplina germânica tão necessária para os executivos supermercadistas. Já contei como ele entrou na empresa e nos tornamos amigos. Aqui, quero destacar sua disciplina no trabalho e na vida, que me fez trazer para a minha toda essa forma espartana de agir, séria, compenetrada, e de nunca deixar para amanhã o que se pode fazer hoje.

Com ele aprendi a trabalhar muito e, como exemplo, aprendi que ao voltar de viagem, de algum outro estado, no início da noite, ou a qualquer hora que eu chegasse, primeiro deveria ir para a empresa ver como as coisas estavam, para só depois ir para casa. Outra curiosidade dele era que, ao visitar uma loja, estacionava muito longe da entrada e, às vezes, na rua. Ao querer saber o motivo, ele me disse: os lugares mais próximos da entrada são para os clientes.

Ele era o gerente-geral de operações e meu estimado amigo até os dias de hoje. Para mim, a disciplina é o único caminho de uma boa vida profissional e pessoal. Some a ela a humildade e o amor e terá a base que recomendo a todos.

Os tipos que me inspiraram não param por aí. Durante uma viagem de conhecimento, organizada pela Abras, conheci a figura maravilhosa que era o **Fernando Pacheco de Castro**, um dos fundadores da associação e seu primeiro

Otto, Ascar, Abílio e Sr. Santos.

presidente. Sem dúvida, foi o homem mais importante e impactante do nosso meio. Nos aproximamos durante a viagem. Meu Deus, eu estava viajando com o pai dos supermercados do Brasil. Não acreditava!

Ele, como já sabem, foi o criador da primeira loja de supermercado do Brasil, isso em 1953, o Sirva-se da rua da Consolação, e em 1954 criava a famosa rede Peg-Pag. Pois foi ele mesmo, uma pessoa simples, até demais, que me introduziu nesse mundo supermercadista em âmbito internacional. Passei a viajar muito em busca de aprendizado, e ele e sua mulher, Silvia, eram constantes e maravilhosos companheiros.

Foi ele o responsável, em 1975, por eu ter tido o privilégio de fazer minha primeira palestra internacional, em Veneza, Itália, em um congresso varejista, como o representante do Brasil. Meu tema foi: "Como as empresas de supermercado convivem com a inflação".

Nunca vi tanto conhecimento, criatividade e tanta humildade em uma pessoa, dessas que tornam o mundo melhor. Alguém que tinha muito a dar e precisava ser seguido por nós para crescermos.

Meu outro tipo inesquecível, que me marcou muito, foi o também humilde, caridoso, bondoso e querido carioca **Arthur Antônio Sendas**. Suas lojas eram ótimas e sempre centro de visitas nas minhas idas ao Rio de Janeiro e de tantos outros profissionais do ramo. Contribuiu muito para eu baixar um pouco a cabeça e ver o mundo um pouco diferente.

Importante nele não era só sua liderança no setor, mas a boa e carinhosa relação com os companheiros. Ele era o protótipo do bom colega supermercadista, qualquer que fosse o cargo da pessoa. Presidiu a Abras no fim dos anos 1980, bem como o Conselho Consultivo da entidade, de 1991 a 1994. Foi um exemplo de empresário e de homem íntegro. Guardo até hoje uma carta que me enviou quando eu saí do Pão de Açúcar, em 1996, se dando ao trabalho de enaltecer meu trabalho na empresa e no ramo e se colocando à disposição para o que eu precisasse.

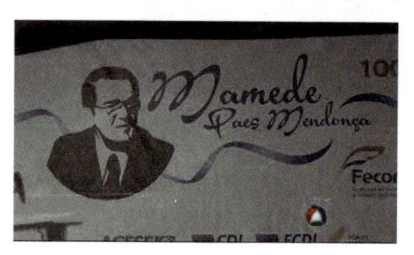

Arthur Sendas

Inesquecível também na minha vida foi o sergipano **Mamede Paes Mendonça**, dono de uma rede baiana, e depois nacional, que hoje já não existe. No capítulo VII, conto toda a sua história. Aqui, quero falar de suas principais características: humildade, carisma e respeito a todos que trabalhavam para ele. Figura emblemática, muito querida e com um jeito simples e humano de viver. Foi tudo isso que tentei aprender com ele.

Sua empresa, a rede Paes Mendonça, chegou a ser a terceira grande rede do Brasil no início dos anos 1990 e ele continuava a mesma pessoa simples e maravilhosa. Foi a figura mais folclórica e emblemática do ramo. Humildade era sua característica chave.

Do exterior, tive muita admiração pelos conhecimentos de **Michael O'Connors**, ex-presidente do Food Market Institute, que já citei anteriormente, e de um criativo empresário americano, o **Stew Leonard**, filho do fundador da badaladíssima rede de mesmo nome, localizada no nordeste americano e muito visitada e comentada pelos brasileiros que lá já estiveram.

Poderia lembrar de muitos outros que me legaram algo para minha formação, tais como:

- **João Carlos de Oliveira**, ex-presidente da Agas e da Abras, atual presidente da GS1 Brasil, pela sua qualidade de executivo e um excelente trabalho focado em sua equipe. Tenho um carinho muito grande por ele, apesar de ser um gaúcho bairrista e gremista.
- Os mineiros **Levy Nogueira** e seus irmãos **Gil, Gilberto, José e João**, donos da rede Epa e muito atuantes nas associações de supermercado. Levy foi presidente da Abras em duas gestões.
- Do estado de Tocantins para Taguatinga (DF), onde iniciou sua vida supermercadista, **José Humberto Pires de Araújo** é outro exemplo do *"self made man"*, da superação e de uma humildade que o levou a ser um excelente supermercadista, presidente da Abras e um homem público dedicado. E, melhor ainda, ele é fanático torcedor do Santos.
- O saudoso **Willian Eid**, dono da extinta rede paulista Gigante, pessoa muito atuante no nosso ramo desde os anos 1960. Participei de muitas reuniões coordenadas por ele.
- **Fabrizio Fasano** era o dono dos Whiskies do Brasil e uma pessoa boníssima, muito simpática e um bom papo. Quando queria levar um executivo meu para um aprendizado no exterior e o Abilio dizia não, falava com ele, pois sempre arcava com essas despesas.
- Não posso esquecer de **Don Charles Bird**, tio do João Carlos Oliveira Junior, "gaúcho americano" que conheci pouco, mas sempre me impressionou como pessoa. Foi o alavancador dos supermercados no Rio Grande do Sul, abrindo o primeiro Real. Foi o primeiro presidente da Agas e vice-presidente da Abras por muitos anos.
O sobrinho João Carlos me contou que, após anos no Brasil, ele ainda falava mal o português, pois poucos o entendiam aqui. O pior é que nos Estados Unidos também já não entendiam o seu inglês.
- E, por último, um consultor americano, o **Jerry Thole**, que me ensinou muito nas minhas idas ao seu país. Todos os anos estávamos juntos na feira americana de supermercados. E chegamos a trabalhar juntos em uma consultoria no país.

Paro por aqui, mas quero lembrar que de qualquer pessoa é possível tirar aprendizados. Imagine então dessas figuras exponenciais do nosso mundo supermercadista.

De cada um eu trouxe o que achava ser melhor e fui somando à minha pessoa, às vezes certo, às vezes erradamente, mas moldando o eu profissional e o pessoal. À medida que ia escrevendo e citando suas qualidades, descobri que o denominador comum de suas principais qualidades, dentre todos os citados, eram: disciplina e humildade. Esta última é a chave que abre as portas da vida terrena e celestial aqui na Terra.

É com ela que nos aproximamos de todos e, principalmente, de Deus. Como disse no começo, meu conhecimento é a soma de tudo que aprendi com esses maravilhosos supermercadistas, acrescido do conhecimento de muitos outros com quem pude me relacionar ou trabalhar junto.

Termino este capítulo fazendo uma homenagem a um "*hors concours*", **Valentim dos Santos Diniz**, determinante para o sucesso das lojas no Brasil e para meu aprendizado.

SUPERESTÓRIAS
Coisas que você nunca viu, mas gostaria ainda de ver:

- *Atendimento imediato do SAC.*
- *Fornecedores concordando com lojistas e vice-versa.*
- *Sinalização coerente nos estacionamentos.*
- *Noiva pontual.*
- *Carrinhos de compra em perfeito estado.*
- *Letra de médico totalmente legível.*
- *Mais conveniência e bons serviços nos supermercados.*
- *Trânsito livre nos momentos de pressa.*
- *Temperatura correta na seção de congelados.*
- *Retrato de sogra no escritório.*
- *Gerentes de loja circulando tanto quanto os consumidores na área de vendas.*
- *Praia sossegada em feriado prolongado.*
- *A esposa do concorrente comprando na sua loja.*
- *Etiquetas de preço legíveis e bem colocadas.*

CAPÍTULO XIII:
VALE A PENA "LER" DE NOVO

Tão antiga e tão atual. "Você não pode usar hoje as práticas de ontem se quiser estar no mercado amanhã."

Durante todos esses anos, escrevi muitos artigos para diversas revistas, jornais e *sites* especializados, nos quais procurava esclarecer e trazer minha visão do momento e do futuro para os leitores interessados no varejo alimentício.

Com isso, acho que escrevi mais de 500 matérias, desde a minha época de executivo até os dias de hoje, quando continuo a escrever em uma coluna fixa na revista *SuperHiper* e outra no portal da Abras, falando sobre tendências do varejo.

Para este capítulo, selecionei alguns antigos textos meus que não caducaram como ideia e se mantiveram atualizados em termos de busca de respostas e soluções.

Começo com um artigo escrito mais recentemente, que parece ser um formato promissor, mas que engatinha por aqui, pois é, ainda, pouco conhecido dos brasileiros.

VOCÊ SABE O QUE É GROCERANT?

Antonio Carlos Ascar – abril/2017

Já são bem conhecidos de todos nós, os tradicionais formatos de loja de alimentação, como supermercado, hipermercado, supermercado de vizinhança, loja de desconto, loja *gourmet*, loja de conveniência, entre tantos outros. Mas há hoje um pouco mais, há uma infinidade de variações desses formatos que, não necessariamente, são batizados ou, às vezes, estranhamente batizados.

Então, esbarro com essa nova palavra, *grocerant*, que está batizando um novo conceito de loja. Mas só a palavra é nova, pois o conceito já existe há algum tempo. Vi essa palavra pela primeira vez em um artigo de revista. Depois, lançaram nos Estados Unidos uma revista com esse nome. Recentemente, soube de uma convenção no país com foco neste tema. Aí fui pesquisar para ter informações, para aprender sobre essa novidade.

Pesquisei essa revista e assisti aos vídeos sobre as duas últimas convenções deles. Ainda não sei muito sobre essa nova ideia, mas deixe-me passar para você o que aprendi.

O que é *grocerant*?

"*Is a grocery store that sells prepared meals either for eating on site or taking home*". Tradução literal: "É um supermercado que vende pratos prontos para você comer no local ou levar para casa". Sabemos que isso não é nenhuma novidade, pois a maioria dos supermercados americanos e europeus, bem como os nossos, já há algum tempo trabalham com pratos prontos e com rotisserias, além de terem área especial para o consumo na loja.

Já ia esquecendo. Esta *grocerant* também faz refeições em sua casa ou em sua empresa. Isso é chamado de *catering*.

A diferença que vejo hoje é que o termo parece querer superlativar essa tendência de "solução de refeição", como se fosse quase um novo formato de loja. Tentando ser bem específico na definição desse formato ou conceito, eu diria que: é um supermercado com forte foco em pratos prontos para que, além de ser um varejista de alimentos, também opere como um serviço de alimentação (*food service*), em que os clientes podem optar por comer no local, como se fosse um restaurante, um *fast-food* ou levar a refeição pronta ou semipronta para casa.

Foi uma definição longa, mas deixa claro sobre o que significa o conceito. Quanto ao nome, me parece que deve ter sido construído a partir do uso das primeiras letras de *grocery* com as últimas de *restaurant*. É uma inferência minha, mas parece ser bem razoável.

O melhor exemplo que me ocorre desse tipo de loja é o Eataly, já conhecido dos varejistas paulistanos, bem como o conceito *gourmet* do Whole Foods. Para que minha afirmação seja aceita, de que a ideia é antiga, a loja com essas características que mais me impressionou foi o Eatzi's, de Dallas, que conheci em 1998 e revisitei em 2012, que operava as seções de padaria, carnes, vinhos, rotisseria, pratos prontos, com *grill* para preparar carnes, padaria, sanduicheria, frutas e verduras. Tudo em uma área de vendas de 500 m², que ainda tinha dez mesas externas para uso dos comensais. Na época, era um conceito, um formato sem nome. Agora tem.

Como eu disse, só a palavra é nova e foi criada para designar uma loja de alimentação bem especial e muito atual. *Grocerant* parece ser o futuro do varejo alimentício?

Há uma loja, em Newburgh, Indiana, EUA, que se classifica como tal, dizendo ser um supermercado e um restaurante e, mais do que isso, que é o futuro do nosso negócio. Towne Market se especializou em ser um pequeno supermercado, além de um restaurante com entrega em domicílio, vendendo refeições prontas ou fáceis de terminar e, até mesmo, preparando a refeição na casa do cliente.

Além de uma pequena mercearia e alguns perecíveis, oferece um cardápio focado em pratos saudáveis e naturais. As grandes redes também têm esse serviço, mas a diferença é que ele oferece produtos *gourmet* e não os tradicionais e simples oferecidos pelas redes de supermercado.

Lojas como Santa Maria ou Santa Luzia, em São Paulo, oferecem uma linha de pratos prontos com excelente qualidade, mas parecem estar distantes dessa nova proposta de formato, que, primordialmente, quer vender solução de refeição e um pouco de mercearia e perecíveis, e não o contrário.

DAR SENTIDO À EXPERIÊNCIA DE COMPRA

Antonio Carlos Ascar – julho/2013

Quando um cliente vai a um supermercado, ele passa por inúmeras experiências de compras. Pode se sentir aborrecido, surpreso, satisfeito, infeliz, enganado, importante, só mais um cliente etc. Como criar, então, diferenciais e tornar essas experiências sempre positivas?

A chave é dar sentido a elas. É tocar uma "música" que chegue aos sentidos dos consumidores e funcionários, tornando a loja "única" e a preferida do público. A experiência de compra deve refletir emocionalmente o sentido e a proposta que a loja oferece, além das costumeiras razões racionais como ofertas, linha de produtos, localização etc.

Ambiente, iluminação, estilo, serviço, política de relacionamento, entre outros, é o caminho, mas você é quem decide qual o sentido, qual o significado ou as vivências quer oferecer. Você é quem decide o que eles devem sentir ao estar na sua loja.

E, para tal, deve desenvolver todos os meios para atingir seu objetivo. Não seja mais um supermercado. Tenha nome e sobrenome e uma personalidade perceptível a todos.

OS CAMINHOS DO SUCESSO

Antonio Carlos Ascar – dezembro/2013

Qualquer atividade humana tem a ver, quase sempre, com pessoas. O varejo como um todo tem muito mais a ver com isso.

Para o varejo alimentar em autosserviço, gente é imprescindível, por mais incoerente que possa parecer. Afinal, o autosserviço, quando foi criado, no começo do século passado, trouxe a ausência de serviço para reduzir os custos e permitir a loja vender bem mais barato. Mas, hoje, só um bom serviço garante sua sobrevivência. Você depende e muito da qualidade de seus colaboradores.

Assim, saber escolher e avaliar bem, mostrando uma equipe coesa e bem recompensada, é o primeiro caminho para o sucesso. Pessoas competentes encontram mais rápido e mais facilmente a melhor solução para os seus problemas, fazendo você ganhar tempo e mais dinheiro.

O segundo importante caminho para o sucesso é dominar o seu negócio. Entenda-o completamente, em todos os seus detalhes. Sua liderança, mais do que por uma necessidade, exige profundo conhecimento do varejo em todas suas fases, formatos e departamentos.

O passo seguinte é não ser mais um, mas sim ter um negócio diferenciado, bem focado e único, ou quase. Ofereça sempre uma ótima experiência de compras para seus clientes. Hoje em dia, só se fala da importância que um cliente satisfeito traz para você.

O quarto passo, para mim, é ter um instinto pessoal, uma intuição para detectar o que está por vir e quais os caminhos a seguir. Dá para desenvolver esse dom, mas não o cria do nada. Ou você tem ou não.

Por último, mas não menos importante, é preciso ter sorte. É difícil entender essa história de sorte, como vem, como vai, por quanto tempo fica, mas, enfim, sem ela nada de bom vai acontecer. Uma frase do golfista americano Tiger Woods deixa isso claro ou não: "Quanto mais treino [trabalho] mais sorte tenho". Pois o varejo exige muito trabalho, muitos cuidados, muita dedicação. E aí a sorte pode também vir para você.

ALDI NO PAÍS - BERÇO DO SUPERMERCADO

Antonio Carlos Ascar – abril/2019

Os supermercados nos Estados Unidos já estão enfrentando, de longa data, uma forte concorrência de múltiplos formatos de alimentação como os clubes atacadistas, as drogarias, as *dollars stores*, as lojas de conveniência, entre outros formatos, e aí vem a Amazon, a gigante do *e-commerce*, e entra no mercado de lojas físicas comprando, nada mais nada menos, do que a rede Whole Foods Market, a sétima maior rede americana. Aí a coisa fica ainda mais complicada quando a empresa acena em abrir 3 mil lojas "Amazon Go" até 2021. É aquela loja de vizinhança que não tem *checkouts* e que está dando o que falar no nosso mundo supermercadista.

Veja que, para atingir seu objetivo, vai precisar abrir, em média, de 20 lojas por semana. Parece ser uma missão bem difícil.

Quando tudo parece estar ruim para os supermercados, a coisa fica ainda pior com as duas redes alemãs de *hard discount* entrando no país, Aldi e Lidl. Lembro a vocês que muitas redes europeias já tentaram esse rico mercado, como Carrefour, Leclerc, Auchan, Tesco e Euromarché. E todas voltaram para casa.

Agora, estamos vendo os alemães, bem-sucedidos, caírem no gosto dos consumidores americanos. O formato tem agradado pela proposta da loja, *layout* fácil de circular, boa experiência de compra, linha suficiente de produtos, marcas próprias de qualidade e, principalmente, preços muito baixos.

O Aldi foi o primeiro, tendo entrado modestamente no país em 1976. Vinha caminhando lentamente com lojas simples, despojadas, e seu público-alvo era formado pelos americanos mais pobres. Com a crise financeira, de 2008, a taxa de desemprego aumentou entre a classe média. Aqueles que encontraram novos empregos tiveram de aceitar salários mais baixos. Gastar menos com as compras tornou-se, portanto, uma necessidade para muitos americanos. O Aldi enxergou nesse contexto uma oportunidade. Assim, desde o início da crise, abriu cerca de 100 lojas a cada ano em todo o território americano e, agora, conta com 1.800 lojas em 35 estados.

É hoje a oitava maior rede do país, com vendas próximas a US$ 15 bilhões. Está à frente de conhecidas redes, como o Wegmans, a Target e o Trader Joe's, e logo atrás do Whole Foods.

Já o Lidl atacou só recentemente, abrindo sua primeira loja no país em 15 de junho de 2017 e se concentrando nos estados do leste americano. Está hoje com 59 lojas e acelerando novas aberturas.

Voltando ao Aldi, seus executivos falam que, em 2022, a rede estará com 2.500 lojas no país e será a terceira maior, só atrás do Walmart e do Kroger.

Conhecendo bem do que essa rede é capaz, por tudo que vi na Europa, pois os acompanho há muitos anos, e como já operei uma rede de *hard discount* no Brasil, conheço bem a agressividade do formato. Assim, acredito mesmo que devem chegar a seus objetivos, e isso num país onde os estrangeiros nunca tiveram a chance de entrar, crescer e ficar.

O SUPERMERCADO DO SÉCULO 21

Antonio Carlos Ascar - março/1990
Folha de São Paulo - 12/3/1990

O economista Adam Smith disse uma vez: "O consumo é o objetivo único de toda produção; e o interesse do fabricante deve ser orientado somente até onde seja necessário promover o interesse do consumidor".

Que precisamos atender às exigências e necessidades dos consumidores, já se ouve há tempos, embora a aplicação prática dessa teoria desafie sempre a criatividade e a persistência dos operadores de supermercado. Como será esse consumidor no futuro e que meios poderemos utilizar para conquistá-lo?

No século 21, os consumidores serão mais velhos e mais solteiros. As estimativas mostram que, no início do ano 2000, 35% da população americana terá mais de 65 anos de idade e controlarão 50% de toda a renda. Portanto, nos anos 1990, os supermercados estarão vendendo mais produtos voltados a esse público, como por exemplo produtos dietéticos e alimentos para melhorar a memória e o desempenho sexual.

Haverá 30 milhões de pessoas morando sozinhas na virada do século e também muitos pais solteiros. Os casamentos irão ocorrer mais tarde e se desfazer cedo, 70% das mulheres trabalharão fora e faturarão 50% de toda a renda.

As pessoas terão mais dinheiro para gastar com alimentação, mas menos tempo para isso. No futuro breve, mais de 50% do dinheiro gasto com alimentos serão gastos longe das casas, já que as pessoas irão sair do trabalho e fazer outras coisas mais importantes.

Para os supermercados, isso significa que a família tradicional já não mais poderá ser o alvo de seus negócios, e os consumidores serão cada vez mais classificados em "segmentos". As pessoas irão diferir conforme a região, cidade, bairro e loja. Como resultado, o gerenciamento da loja não poderá ser mais centralizado.

As compras precisarão ser mais rápidas e fáceis. Isso exigirá dos operadores maior empenho na seleção, treinamento e manutenção de seus recursos humanos.

As comidas prontas serão tão imprescindíveis como as roupas prontas. Os varejistas precisarão ser ágeis. O supermercado do futuro irá competir com restaurantes e lanchonetes rápidas e de refeições para viagens.

Para atender ao consumidor do século 21, os supermercados oferecerão serviços de entrega em domicílio. Nas lojas, haverá departamentos separados para "serviços de viagem" e departamentos de conveniência com seus "*checkouts*" próprios para que as pessoas possam comprar rápido. Os clientes farão pedidos por telefone e passarão no "*drive-thru*" para pegar e pagar. As lojas terão que ampliar seus horários de funcionamento.

Os supermercados farão muito mais a preparação dos alimentos dentro da área de vendas, como cortes, limpezas e até cozimentos. Todas as seções terão um visual aberto e o cliente poderá ver sempre o que acontece.

Os supermercados também apresentarão muito mais serviços adicionais como bancos, consultórios médicos, sapateiros etc.

A concorrência também será diferente, pois existirão vários modelos de lojas vendendo alimentos, comidas preparadas e para viagem. Haverá competidores jamais imaginados. Será preciso lutar muito, principalmente com os negócios de *fast-food*.

LAYOUTS MUITO COMPORTADOS

Antonio Carlos Ascar – Setembro/2004

Estamos há anos vendo supermercados serem inaugurados e, na minha opinião, sem expressivas novidades. Apesar de, nesses últimos dez anos, terem ocorrido algumas mudanças importantes, como a consolidação das frutas e verduras na entrada da loja, a padaria se tornando obrigatória, o crescimento da importância de uma rotisseria e pratos prontos, um pequeno *snack* com mesas e cadeiras começa a ser novidade, mas a coisa ficou por aí.

Não nos esqueçamos também que a mercearia precisou de mais espaço de exposição à medida que o número de novos produtos tem crescido muito. Desde o início da década de 1990, vemos um crescimento contínuo e hoje as referências de uma loja média chegam a 14 mil itens. Há dez anos, não passavam de 7 mil itens. Para receber tantos produtos, as gôndolas ficaram mais altas e os corredores mais estreitos. Como outra opção, as lojas ficaram um pouco maiores. Ou as duas coisas acontecendo numa loja.

Mas, repito, a coisa ficou por aí. Não houve nenhuma importante mudança conceitual. A alma da loja é a mesma. Ela não nos tem transmitido nada de diferente nos últimos anos. Tem sido só uma mera evolução e adaptação às novas exigências do mercado e dos consumidores cada vez mais subdivididos em infinitos nichos. Não há ousadia. Não há atrevimento. Não há a preocupação em tornar a experiência de compra algo mais entusiástico, alegre, divertido e motivador.

Uma loja no Brasil, se colocada ao lado de um Stew Leonard's, um Loblaw's, Draegers, Fox & Obel ou um Andronico's, para citar alguns, mataria os consumidores de tédio. O conservadorismo, com pequenas pitadas de adaptação aos novos hábitos de consumo, tem sido a primeira fórmula para não errar. Mas a estrada entre não errar e acertar é muito longa.

As nossas lojas têm ficado maiores e padronizadas, e, assim, sem personalidade, sem alma. A alma ou espírito é o que nos faz andar, buscar novos objetivos, conscientes ou não. Que nos faz crescer internamente. Isso parece estar adormecido. A missão de uma empresa precisa ser definida além dos objetivos materiais.

A Europa e os Estados Unidos têm mostrado lojas circulares, outras com alta concentração em soluções de refeição, lojas que mais parecem parques de diversão, lojas concentradas em perecíveis. Enfim, a busca da customização, de um nicho ainda mal servido, de uma nova experiência comercial mais evoluída.

Em recente viagem ao exterior, após ver tantas lojas inovadoras, cheguei a escrever em outro artigo que "parece que *layouts* comportados estão ficando fora de moda". Assim é preciso quebrar paradigmas. Poucos no Brasil já perceberam isso. Tenho visto algumas novas lojas do Pão de Açúcar, Zona Sul, Prezunic e Angeloni, entre outras, que me fazem acreditar que podemos estar caminhando para lojas não comportadas, não impessoais, não assépticas, mais coloridas, não padronizadas, alegres e buscando na inovação o seu sucesso.

A importância da experiência de compras tem que ser sempre repensada e mais valorizada. Seu consumidor merece mais de você. Merece mais a sua atenção e a sua capacidade de inovação. Neste mercado tão competitivo, reinvente-se, destaque-se ou morra lentamente.

COMO SERÁ EL SUPERMERCADO DE ESTE SIGLO?

Antonio Carlos Ascar – Setembro/2005

Ya no basta una buena sala, variedad y buen marketing. Es esencial agregar valor, crear una sala que vaya al encuentro de las necesidades del cliente.

Sin duda, la clave del supermercado del futuro será el concepto de agregar valor a lo que se vende. Ya no basta tener una sala, una buena variedad y un buen marketing. Es preciso crear algo más para atraer al cliente. El producto y el precio solos no venden. Agregar valor significa dar al cliente:

- *Una sala más moderna*
- *Mucho más iluminada*
- *Más alegre y festiva*
- *Más completa en secciones*
- *Más equilibrada*
- *Con una línea mayor de productos*
- *Con calidad y variedad de servicios*
- *Una sala que vaya al encuentro de las nuevas y últimas necesidades de los consumidores*
- *Donde vender soluciones de comida es el camino*
- *Donde la conveniencia es la orientación mayor*
- *Y en lo posible, que no sea más cara*

Lo que los supermercados quieren es servir cada vez mejor. Así harán salas más fuertes en perecibles, un layout que privilegiará que la entrada del cliente se haga por esas secciones, mayor linea de productos y forzosamente con góndolas un poco más altas y pasillos más anchos.

Una sala que en las grandes ciudades deberá tener 1200 metros cuadrados de área de venta. Ella también funcionará como abastecedora además de conveniencia, entonces, deberá tener de 1500 a 3000 metros cuadrados en las ciudades menores. Y si la palabra es conveniencia en el mundo actual, nada mejor que abrir las 24 horas del día, lo que pocas redes están haciendo.

Como creador de la primera sala de conveniencia (en 1988) en puestos de bencina del Brasil, aposté mucho al crecimiento de este formato, y la verdad es que cambió un poco en relación a su concepto original.

Era un supermercado de conveniencia con 1100 artículos y hoy se transformó en un sitio para almorzar y comer, más una panadería, con 400 a 500 artículos. Yo imagino que va a crecer y buscar el equilibrio entre el formato original y lo que es hoy.

Por otra parte, los hipermercados, con algunas excepciones, deberán tener un tamaño relativamente reducido, además de no usar el precio como único apoyo mercadológico.

Así, a partir del presente año 2000, apuesto a agregar valor y a que los supermercados sean de tamaño mediano, los hipermercados más compactos, las salas de conveniencia más completas y que en los pequeños supermercados haya una búsqueda hacia la modernización de las operaciones, de una forma sistemática.

PARA ONDE ESTAMOS INDO?

Antonio Carlos Ascar – janeiro/2012

Você se lembra da famosa frase "*small is beautiful*", do economista inglês E. F. Schumacher, nos anos 1970? Ou "os melhores perfumes estão nos menores frascos"? Lembra?

Pois essa ideia, originalmente econômica, está de volta no nosso mundo supermercadista. As grandes superfícies de venda estão encolhendo. As médias também. Os novos hipermercados, por exemplo, despencaram de 10.000 m² de área de vendas para algo próximo a 6.000 m². Mas ainda continuam grandes. Os supermercados tradicionais pelo mundo afora, com poucos países como exceção, estão também encolhendo. A área ideal parece estar entre 800 m² e 1.600 m².

Os consumidores, porém, ainda insatisfeitos e exigentes, querem porque querem lojas ainda menores, pois conveniência é a palavra-chave do momento consumista, e compra "mensal" parece ter virado palavrão, apesar de ainda em uso, como todos os outros palavrões. Pelo mundo afora, 2011 foi um espelho dessa nova realidade.

Visitei, este ano, supermercados na Croácia, Montenegro, França, Alemanha, Holanda, Canadá, Estados Unidos e até em Barbados, e "To Go" e "Express" são os sobrenomes do momento nas lojas de alimentação. E todas essas lojas variam de 50 m² a 270 m² de área de venda.

Express foi o nome da primeira loja de conveniência do Brasil, inaugurada, por mim, em 1988, e é usado até hoje, como sinônimo de conveniência. É também usado por pequenos supermercados de vizinhança.

To Go é a forma de apresentar produtos prontos para levar e consumir. E virou sobrenome de loja. Descreveria esse formato mais como uma lanchonete em autosserviço. Parece que todos os grandes e médios grupos multiformatos supermercadistas do mundo querem ter a sua experiência com esses novos tipos de loja. Veja só alguns exemplos já existentes, em operação ou em teste:

Fresh & Easy Express	Giant Eagle Express
H. G. Hill Urban Store	Whole Foods Market Express
Marks & Spencer Simply Food	Sainsbury's Local
Tesco Express	Carrefour Express
Kwik Shop	Tops Xpress
Tops Fresh Xpress	Get Go
Extra Fácil	Eroski Merca
Minimercado Extra	Oxxo
Rewe To Go	Giant To Go

Quanto ao nome dos formatos dessas pequenas lojas, você pode escolher qualquer um da lista abaixo. Escolha o que lhe agradar, que ele servirá.

Urban store, superete, loja de conveniência, mercearia em autosserviço, supermercado de conveniência ou loja de proximidade.

Na verdade, todos servem, pois são muito semelhantes, apesar de diferentes, e todos representam essas joias de sucesso no varejo alimentício.

Outro pequeno formato, já famoso e consolidado, é o *hard discount*: a loja de descontos ou, como a chamamos no Brasil, a loja de sortimento limitado. Linha limitada, preços 10% a 15% mais baratos que um supermercado tradicional, despojada, uns 400 m² de área e com pouquíssimo serviço. Tomou conta da Europa e está invadindo os Estados Unidos, que hoje já contam com 2.800 lojas e engatinha no Brasil.

Quais foram as causas desse encolhimento no tamanho da área de venda? Deixe-me lembrar algumas:

- A economia mundial está doente e parece que não sai tão cedo da UTI.
- Os países do terceiro mundo sentem essa recessão.
- Os países desenvolvidos e formadores de opinião são os que mais se enfraqueceram.
- Os consumidores não têm dinheiro nem paciência para estocar alimentos.
- Afinal, o nível de desemprego é altíssimo por aí afora.
- A inflação tem estado, até hoje, sob controle. Para que se desgastar estocando?
- Aliás, estão também sem tempo e querem mais comodidade para comprar.
- Querem receber das lojas conveniência e proximidade.
- Além de muita, muita, muita solução de refeição.

Como essas tendências econômicas e sociais não devem mudar tão cedo, o futuro já parece desenhado. Teorias e preciosismos à parte, o que quero dizer é que o caminho parece irreversível para os próximos anos.

Abaixo, a grande loja. Vida longa ao *"small is beautiful"*.

WAREHOUSE STORE VOLTANDO?

Antonio Carlos Ascar – junho/2017

Durante a década de 1980, surgiu e cresceu nos Estados Unidos um formato de loja chamado pelos americanos de *"warehouse store"*.

Conheci várias delas, como o Basics, Heartland, Cub, Cub Too, entre tantas outras. Eram lojas de baixo investimento, que diziam ser *"no frills"* (sem frescuras), com área de vendas de 3.000 a 5.000 m², focadas em preços baixos e muito competitivos, linha limitada de produtos, com cerca de 5.000 itens, basicamente de alimentos, e um *layout* característico que forçava uma circulação obrigatória, entrando obrigatoriamente pelos perecíveis.

Teve sua fase de sucesso e, nos últimos anos, estava um pouco esquecida. Havia no país, em 2005, 436 lojas nesse formato. Em 2015, um pouco mais, 440 lojas.

No Brasil, nós a chamamos de loja-depósito e eu tive o privilégio de desenvolver e operar, na década de 1980, 12 lojas no país. O nome fantasia adotado pelo Grupo Pão de Açúcar era Superbox e surgiu de muita viagem e pesquisa nas lojas *"no frills"* americanas.

Tínhamos lojas em São Paulo, Rio, Brasília, Recife e Salvador. O formato era um sucesso de vendas e, principalmente, de lucro. Tinham, em média, 4.000 m² de área de vendas. A maior delas, em vendas, era a da Rótula do Abacaxi, em Salvador, Bahia.

As primeiras eram muito simples e as últimas foram sendo sofisticadas por razões mercadológicas. Aliás, convém lembrar que, recentemente, o formato de maior sucesso no Brasil é o das lojas chamadas "atacarejo", que também surgiram "sem frescuras" e que nada mais são do que uma pequena variação das lojas Superbox, o formato loja-depósito.

Tudo isso para dizer que, recentemente, tomei conhecimento de uma loja inaugurada em Illinois, nos Estados Unidos, com 5.400 m² de área total e uma circulação meio obrigatória, como os Superbox. Entusiasmei-me com ela. É um pouco sofisticada (acho que estamos em outro momento), arquitetura moderna, um alto poder de atração e motivadora para grandes compras semanais e mensais.

Como tudo começou?

Niemann Foods, Inc. é uma empresa-mãe que opera 112 lojas nos estados de Illinois, Indiana, Iowa e Missouri. São 49 supermercados County Market, 14 lojas franqueadas de sortimento limitado Save-A-Lot, 27 C Stores, além de farmácias, *pet shops* e postos de gasolina.

Essa empresa surgiu há 100 anos, em 1917, com a inauguração de uma groceteria e, em 1930, já operava dez dessas pequenas lojas e um pequeno atacado. Em 1940, abriu seu primeiro supermercado em Quincy, Illinois.

Ao todo, hoje são 5.000 colaboradores e 2.000 sócios-donos. Almejam chegar a vendas de um bilhão de dólares brevemente.

Aí, escolheram um novo local em Champaign, Illinois, e decidiram abrir uma loja diferente para competir em um difícil mercado consumidor. Não queriam mais um supermercado, mas algo diferente e, assim, pesquisaram muito em busca de um novo conceito que focasse a tendência atual de "*farm to table*" (da fazenda para a mesa).

O resultado foi essa loja, tipo *warehouse store*, que batizaram de "Harvest Foods" (colheita), que opera uma linha de itens convencionais como os líderes de mercado, porém, metade dos seus SKU é composta de produtos naturais e orgânicos.

Além de seus tradicionais fornecedores, desenvolveram uma grande quantidade de produtores e fornecedores da região. Fortíssimos em perecíveis, operam uma cafeteria, um restaurante e uma seção de produtos para o lar, além de um excelente departamento de vinhos.

O *layout* com circulação obrigatória me chamou a atenção, pois é muito semelhante aos desenvolvidos por mim na década de 1980. O diferencial é a excelência do aparelho operacional e da ambientação, nisso não lembrando muito as antigas lojas-depósito "*no frills*".

Por coincidência, neste mês de junho, estou indo a Chicago para a formatura do meu filho e, sem dúvida, vou tirar um dia para conhecer essa nova loja que está a duas horas de lá. Depois, conto o que achei dela.

CUIDE PRIMEIRO DA SUA CASA

Antonio Carlos Ascar – maio/2008

Ao me preparar, com muita leitura e pesquisas em livros, revistas e na *internet* para preparar este artigo, cheguei a algumas interessantes conclusões. A origem do que observei vem de algo muito conhecido e já muito discutido.

A globalização de tudo, que é uma verdade crescente no mundo, e que começou quando o Império Romano abriu estradas pela Europa para o controle e a circulação de gente e mercadorias, hoje é fortemente exercida na área de distribuição alimentar e não alimentar. Isso pode ser verificado, no caso do varejo, ao conhecer o grande número de países onde operam os maiores varejistas de alimentação do mundo.

Conheça os números, extraídos da revista *Supermarket News*, e de um estudo da Planet Retail:

Rede	País de origem	Onde operam
Walmart	EUA	14 países
Kroger	EUA	1 país
Costco	EUA	8 países
Ahold	Holanda	10 países
Tesco	Inglaterra	12 países
Carrefour	França	35 países
Auchan	França	13 países
Casino	França	30 países
Metro	Alemanha	31 países
Aldi	Alemanha	15 países
Rewe	Alemanha	13 países
Schwarz	Alemanha	23 países
Seven & I	Japão	20 países
Aeon	Japão	11 países

Nos **países desenvolvidos**, econômica e socialmente, as redes locais, sem dúvida, estão tomando conta, e muito bem, de seu feudo. Preocupam-se primeiro em tomar conta da casa, do seu país de origem, para depois se preocuparem com a expansão além-fronteiras. Assim, elas não só são a "número um" como, muitas vezes, a número dois, três e quatro do seu país.

Para citar alguns desses países, começo com os criadores dos supermercados, os Estados Unidos, e os criadores dos hipermercados, a França.

O americano Walmart, líder mundial da distribuição, com vendas, em 2006, de 343 bilhões de dólares e operando em 14 países, continua sendo o líder nos Estados Unidos. Como estratégia, procura só operar em países onde pode ser o número um ou o número dois. Por conta disso, já vendeu sua operação da Alemanha e a da Inglaterra para concentrar-se no país de origem e nos outros onde é líder, como México e a Argentina, e em países como o Brasil, onde pode chegar à liderança. Nos Estados Unidos, a segunda, a terceira, a quarta e a quinta rede também são nativas.

O Carrefour, segunda maior rede varejista mundial, operando em 35 países, tem vendas globais de 97,7 bilhões de dólares e é o líder na sua casa, a França, com vendas domésticas de 49 bilhões de dólares. É bem verdade que, ser líder na França não é uma tarefa difícil, pois poucos estrangeiros se aventuraram a entrar nos país. Só alguns *discounters*, como os alemães Aldi, Schwarz e o belga Delhaize.

Isso é mérito das redes francesas, que ocupam todos os espaços e são evoluídas. As seis maiores do país são realmente grandes, nacional e internacionalmente, e operam diversos formatos de loja. Dessa forma, conseguem proteger, e bem, seus domínios.

Na Alemanha, a liderança é do Grupo Edeka, que opera mais de 10 mil lojas no país. Em 2006, suas vendas chegaram a 40,8 bilhões de dólares. Esse grupo pouco se aventura no exterior, exceto nos vizinhos Dinamarca e Áustria. Assim, concentra seu foco e fogo no seu mercado doméstico, onde há acirrada concorrência de outras redes alemãs. Preocupa-se em se manter líder em sua casa.

A líder na Itália é uma empresa local, a Coop Itália, com vendas anuais de 16 bilhões de dólares.

A Holanda, pequeno país banhado pelo mar do norte, com 16 milhões de habitantes e uma grande renda (PIB) de US$ 550 bilhões, é um país rico e desenvolvido, com um PIB per capita de 34,4 mil dólares. Conseguiu também conter a invasão de redes estrangeiras, à exceção do alemão Aldi, e, mais do que isso, cresceu no exterior com o seu líder Ahold, que vende, internamente, mais de 9 bilhões de dólares.

No Reino Unido, a liderança incontestie é do inovador Tesco, rede inglesa que este ano começa um arriscado programa de "invasão" nos Estados Unidos. De estrangeiros no país, de novo, são os *discounters* alemães Aldi e Schwarz, mas ainda com pequena participação no mercado. Além do Tesco, o número um, as outras quatro maiores redes também são inglesas. Quem vai querer atravessar o Canal da Mancha e afundar nele, como aconteceu com a incrível Esquadra Invencível espanhola em 1588?

Na Península Ibérica, a liderança em Portugal é da rede portuguesa Jerônimo Martins, e, na Espanha, de um grupo espanhol, o El Corte Inglês.

Vamos agora ao Japão. Lá encontraremos o fortíssimo grupo varejista japonês Seven & I na liderança. Ele, inclusive, comprou há alguns anos a famosa e forte rede americana de lojas de conveniência Seven & Eleven que, inclusive, já esteve no Brasil com uma pequena rede, por acaso aqui malsucedida.

Essa é a realidade dos países ricos, cujas redes, além de exportarem tecnologia, têm poder econômico e financeiro para se manterem na liderança em seus países de origem. "Sabem que precisam cuidar primeiro da sua casa."

Ao analisar os **países menos ricos**, os chamados emergentes, em processo de desenvolvimento, os líderes já começam a ser redes estrangeiras. Afinal, elas têm dinheiro para comprar as nativas, do mesmo modo que os times de futebol europeus compram os nossos melhores, jovens e promissores jogadores. Mas há sempre redes locais disputando o mercado.

Veja o caso do Brasil: com PIB superior a 1 trilhão de dólares e uma superfície continental, constantemente tem sido estudado e invadido. Há alguns anos, a primeira rede do país era nacional, mas hoje as três maiores redes daqui, Carrefour, Pão de Açúcar e Walmart, são estrangeiras. A segunda se coloca, ainda, como genuinamente brasileira, "pero no mucho", na medida em que o controle acionário mudou de mãos e seus executivos já têm como segunda língua o francês. E até nossa quarta rede, no fim de 2007, está passando o controle acionário para o chileno Cencosud.

O mexicano Cifra, líder do seu país, foi comprado há mais de 15 anos pelo Walmart em participações suaves e crescentes. No começo, 25%, depois 50% e, hoje, tem o controle total do capital social. Com vendas de quase 20 bilhões de dólares no México, o grupo tem um *market share* de 21,8%. Outros estrangeiros deixaram o país e as outras redes mexicanas tentam formas de união para poder competir com o bicho-papão americano.

Na Argentina, a liderança é do francês Carrefour, seguido de perto pelo chileno Cencosud. No Chile, lidera outro francês, o Casino, com a rede local D&S, mas as outras redes são todas nacionais.

Agora, a situação da potencialíssima China é delicada. Os grupos locais estão se aguentando nos primeiros lugares, mas têm sido ajudados, muito, por leis protecionistas. Além disso, o negócio supermercado ainda está engatinhando por lá. Estrangeiros como Carrefour, Walmart, Tesco, Auchan, Aeon, entre outros, fazem forte pressão e têm entrado no país através de *joint-ventures* com as redes locais, brigando, no bom e mau sentido, para ganhar *market share*.

Num país com 1,325 bilhão de habitantes e bocas para alimentar, com um PIB neste ano de mais de 3 trilhões de dólares, qualquer ponto percentual ganho é muito dinheiro. Neste ano, a China deve se colocar como o terceiro ou quarto maior país do mundo em produção e serviços.

Essa é a situação desse grupo de países. O primeiro ou o segundo já são estrangeiros, mas a concorrência nativa continua a brigar e a oferecer resistência.

Vamos, agora, falar de um terceiro grupo de países, os **pouco desenvolvidos** ou em início de desenvolvimento, mas com um mercado interessante, ou por ser país vizinho ou por ser estratégico. Aí não só a liderança é de estrangeiros, mas eles tomam conta de várias posições. Veja o caso dos melhores países da extinta cortina-de-ferro. Ao se libertarem do jugo russo, não tiveram tempo de se preparar e foram invadidos pelas redes estrangeiras.

Na Romênia, por exemplo, as cinco maiores redes, com 22% de participação do mercado, são de fora. Falo do Metro, Rewe, Carrefour, Louis Delhaize (Cora) e do grupo Delhaize. O interesse é explicado pela boa renda per capita de 5.440 dólares anuais em um país com 22,3 milhões de habitantes e muito espaço para crescer.

A República Tcheca, cuja capital é a maravilhosa Praga, está na mão dos estrangeiros. Das dez maiores redes supermercadistas, só duas são locais. A liderança é do Grupo Schwarz, com as suas Lidl e Kaufland.

Já fora das ex-colônias, a Turquia, que a todo custo quer participar do Mercado Comum Europeu, já foi invadida pelos estrangeiros através de associações ou compras. O líder é o suíço Migro, com sua rede Migros Turk. Atrás dele, vem correndo o francês Carrefour.

Até a pouco desenvolvida Angola, mas rica potencialmente e país estratégico na África, já é dominada por estrangeiros. Na década de 1970, o Pão de Açúcar abriu um hipermercado Jumbo por lá, que hoje pertence à rede francesa Auchan. E há um grande operador da África do Sul, o Shoprite.

O quarto grupo é o que chamo de **países desinteressantes**, aqueles com características fortemente regionais, mercado potencial baixo, apesar de alguns terem uma boa renda *per capita*, mas que não despertam o interesse dos grandes.

Falo da Letônia, Lituânia, Estônia, Noruega, Irlanda, entre outros, cujas redes locais são as líderes e, em muitos casos, não há nenhum estrangeiro operando no país.

E há um último grupo, o de **países onde ninguém quer ir** de jeito nenhum. O que as grandes redes poderiam fazer na Albânia, Bolívia, Nepal, Islândia, Finlândia, Macedônia, Líbano, entre tantos outros, com um mercado potencial que pouco acrescentaria em seus resultados? Neste grupo se enquadram vários países africanos e orientais, pequenos em gente e em potencial e com uma cultura comercial de varejo difícil de ser alterada e vencida.

Quero, agora, mostrar em nível de Brasil um exemplo de ataque malsucedido e um de defesa bem-sucedida.

A rede baiana Paes Mendonça era, em 1991, a terceira rede nacional, atrás só do Carrefour e do Pão de Açúcar. Mas o título desta matéria, "Cuide primeiro da sua casa", não foi respeitado.

A rede era dona absoluta da Bahia, onde muitas outras redes nacionais se atreviam a entrar, mas nunca conseguiam. Ela supria quase todas as necessidades dos consumidores, bem como comprava qualquer terreno que alguma rede de outro estado pudesse se interessar.

Aí, resolveu atacar, ser nacional, abriu várias lojas no Rio, Minas e São Paulo. Esse desvio de atenção foi fatal. Preocupada com os novos mercados, foi abrindo a guarda na sua própria casa, que começou a ser invadida. E deu no que deu. Perdeu em todas as frentes. Em 1995, já era a quinta rede nacional, em 1998, a sétima e, em 1999, já tinha vendido quase todas as suas lojas. Saiu de casa para perder, inclusive, a própria casa.

Outro exemplo interessante é o do estado do Pará. Em 1973, o Pão de Açúcar comprou a rede local Carisma, com cinco lojas, e nos anos seguintes cresceu com várias novas lojas, inclusive um hipermercado. Ao ir para lá, o grupo não teve problemas de perder espaço em São Paulo ou algo assim, pois era um grupo bem estruturado. No entanto, as redes locais não se intimidaram, melhoraram sua operação, foram se modernizando e ganhando *market share*.

Mais de duas décadas depois, o Pão de Açúcar deixou o estado do Pará. O mérito foi e é das redes locais, que fizeram um bom trabalho, "cuidando bem da sua casa". Defenderam-se, se fortaleceram e ficaram em casa para ganhar.

Um resumo de tudo isto é simples.

- Quando um mercado é grande e rico, os líderes nacionais tomam conta da casa e não dão espaço para nenhuma pretensão estrangeira. Ainda tenho na memória a ida de vários franceses ao mercado americano, como Carrefour, Leclerc e Auchan, com passagem de ida e de volta.

- Nos mercados emergentes e promissores, as redes globais atacam, comprando ou não, e já são líderes em vários países. Mas, antes disso, precisam da segurança do lucro feito em casa, para garantir essa empreitada.
- Nos poucos desenvolvidos, o interesse só ocorre se o país for vizinho ou estratégico.
- A liderança é dos locais em países desinteressantes.
- Isso também vale para os países pobres ou muito pequenos, para onde ninguém quer ir.
- Nesses dois últimos grupos, os locais devem se aproveitar do desinteresse dos globais e cuidar direitinho da sua casa, crescer e não dar espaço para futuras invasões.

Nunca se esqueça que até Dom João VI, ao sair do Brasil, disse preocupado a seu filho, o futuro imperador Dom Pedro I: "Coloque a coroa do Brasil em sua cabeça antes que algum aventureiro lance mão dela".

... E assim caminha a humanidade globalizada.

Essa é a minha tese. É melhor concentrar-se onde já estão, "cuidando da sua cidade, estado ou país de origem" para garantir lucro e mercado, e só se aventurar por aí depois de estar forte e seguro o suficiente para poder correr riscos de capital e conseguir atacar e se defender bem, e ao mesmo tempo.

SUPERESTÓRIAS

Desde a década de 1970 até há alguns anos, fazíamos viagens organizadas pela Abras aos Estados Unidos para participar da feira e palestras do Food Market Institute, normalmente em maio e, nos últimos anos, sempre no Centro de Convenções McCormick Center, em Chicago.

Em 1989, fiquei sabendo que a rede francesa Auchan havia inaugurado um hipermercado em Bridgeview, perto de Chicago, onde estávamos. Como sempre, corri para conhecer e aprender um pouco sobre as novidades da loja.

A loja tinha sido adaptada para o mercado americano com várias mudanças do modelo francês, como redução dos não alimentos, tamanho etc.

SUPERMERCADOS NO BRASIL

A grande novidade para mim foi ter encontrado no estacionamento muitas pessoas fazendo fila, circulando e dificultando a entrada de clientes. Tinha cartazes em repúdio à loja, dizendo para não comprarem em empresa de fora. A maioria era de trabalhadores do ramo que não conseguiram emprego, pois a rede trouxe muitos franceses especialistas para operar a loja.

Fui conversar com um deles, que me disse: "A política de trazer especialistas franceses, além de não nos dar empregos, desmereceu nossas habilidades, nos agrediu".

E aí brincou: "Tudo seria diferente se tivessem trazido francesas".

SUPERMORAL

É bom cuidar primeiro de sua casa. Poucos meses depois, os franceses fecharam a loja e deixaram o país.

CAPÍTULO XIV:
UMA BREVE VISÃO DO FUTURO

> "A sorte às vezes ajuda, o trabalho sempre."
> (Raymundo Magliano Filho)

O FUTURO, UM RESUMO E CONSIDERAÇÕES FINAIS

É voz corrente que o que se aprende hoje nas faculdades e o que se usa nas empresas poderão ser usados, no máximo, nos próximos três ou quatro anos. A velocidade das mudanças econômicas e sociais exigirá novos aprendizados a cada momento. Se antes ter um diploma de curso superior já era um grande diferencial, hoje não é mais. É preciso acompanhar todas as novidades que não param de surgir.

Assim, proliferam-se, no país, tantos cursos de pós-graduação, mestrados e especializações, tornando o aprendizado uma atividade constante e infinita. Tudo que aprendemos já vem com "prazo de validade" cada vez mais curto. Antes, as lojas exigiam uma reforma mais ampla a cada 15 anos. Nesse meio tempo, refazia-se a pintura, reformavam-se os equipamentos, trocavam-se os carrinhos e outros melhoramentos eram feitos para retardar o envelhecimento da loja ou para fazer frente a um concorrente que aparecia na "praça" com ares mais modernos. Tais melhorias eram feitas a cada cinco anos.

Muitas lojas ou redes desapareceram ao perder espaço para a concorrência, por não terem sido capazes de se adaptar e incorporar à modernidade. Essa realidade, hoje, é ainda mais acentuada e o tempo de reciclagem das lojas e das operações é bem menor do que 5 e 15 anos. Em alguns casos, trata-se apenas de meses.

Pior do que o envelhecimento físico e técnico, só o envelhecimento do "formato", modelo de operação e sortimento de produtos. Os formatos também têm prazos de validade cada vez mais curtos, a exemplo de quase tudo neste novo mundo. Há um permanente e rápido rejuvenescimento: formatos surgem, desaparecem e ressurgem readaptados. Só alguns são mais perenes, e o supermercado convencional ainda é o melhor exemplo nesse sentido.

Veja alguns exemplos de formatos transformados no mercado brasileiro nos últimos anos e de formatos que perderam e ganharam força:

- Os hipermercados de 12.000 m² a 15.000 m² de área de vendas encolheram para no máximo 8.000 m², com diminuição da variedade e, um pouco, do sortimento;
- As lojas-depósito desapareceram ou se transformaram em "atacarejo";
- As lojas de sortimento limitado (*hard discount*) desapareceram por quase 15 anos. Foram atualizadas ao momento econômico e ressurgiram. Na Europa, sobretudo, nunca sumiram e continuam sendo um eterno e contínuo sucesso;
- O atacado em autosserviço "puro" (*cash & carry*) tem ganho algum espaço;
- Quando misturado com o varejo, vira o formato do momento. Gosto de chamá-lo de atacado em autosserviço "misto", mas usam o nome feio "atacarejo";
- A primeira loja de conveniência de posto de combustível, por mim desenvolvida, data de 1988 e se chamava Express. Era uma *joint-venture* entre a Shell e o Pão de Açúcar. Quase morreu, mas o conceito de conveniência ressurge, modificado, com o conceito de *small store* ou *urban store*;
- *Small store*, aliás, é o nome que define quase todas as lojas pequenas em grande crescimento hoje em dia;
- Lojas sem *checkouts* podem crescer em número, pois trazem grande liberdade e conveniência nas compras, apesar de serem impessoais.

Mas o que importa mesmo, no fim das contas, é a capacidade de encontrar o ponto futuro, acompanhar e, na medida do possível, antecipar-se às últimas tendências do varejo alimentício pelo mundo e pelo Brasil, saindo sempre na frente dos concorrentes.

Quer um exemplo emblemático de mudança? De tudo o que já foi escrito aqui, e também acolá, imagino que você, caro leitor, já sabe que o supermercado surgiu em 1930 pelas mãos de Michael Cullen. A loja estava apoiada em várias premissas, entre elas:

- O uso do autosserviço;
- Não fazer entregas em domicílio;
- Vender só à vista;
- Vender realmente barato.

O momento exigia isso e muito mais, pois o mundo estava, e particularmente os Estados Unidos, mergulhado em uma grande depressão econômica. Essas quatro premissas – que fizeram o sucesso do supermercado convencional, levando-o a perpetuar-se e se multiplicar em tantos outros formatos de varejo – simplesmente desapareceram:

- Os perecíveis passaram a exigir serviço: atendimento por funcionários;
- Entrega em domicílio todas oferecem há anos;
- Vender a crédito, através da famosa caderneta, não desapareceu, modernizou-se, tornou-se eletrônica por meio do cartão de crédito ou débito, que aumenta o custo da loja;
- Alguns formatos de loja vendem barato, mas os supermercados mais sofisticados estão na contramão dessa antiga premissa.

Devemos continuar a nos adaptar às mudanças econômicas e sociais. Por isso, é fundamental sempre se perguntar: quais são as tendências atuais?

O mercado começa a perceber que os que não conseguem competir com preços têm que oferecer algo a mais. Vender mais "valor agregado" é o caminho para o surgimento das lojas *gourmet*, que buscam, na sofisticação, na linha de produtos, em "solução de refeição", na qualidade da loja e em muitos outros serviços a estratégia para atender um público mais seletivo e disposto a pagar pelos extras recebidos.

Contribui para a sofisticação do sortimento dos supermercados a falta de segurança nas ruas e os orçamentos domésticos mais apertados, que fazem as pessoas irem menos a restaurantes e se alimentar mais em casa. A volta da família à mesa do lar é uma tendência muito forte nos Estados Unidos e na Europa, e cresce no Brasil.

Com isso, as lojas têm seus restaurantes, mas mais do que isso, pratos prontos para levar para casa têm sido um diferencial importante que só tende a crescer. Assim, solução para refeições é a melhor receita, para as vendas e a margem de um supermercado, nos dias de hoje.

Além do já citado encolhimento dos hipermercados, deverá acontecer um encolhimento das áreas de vendas dos atacados em autosserviço misto. O salão de vendas dessas lojas deve passar a ter cerca de 3.000 m². A linha da loja terá cerca de 8.000 itens com mais foco nas grandes famílias e transformadores. É um formato em crescimento no exterior que poderíamos batizar de atacado de conveniência.

Podemos considerar, como o oposto das lojas *gourmet*, as lojas de sortimento limitado (*hard discount*), que, além do sucesso histórico na Europa, começam a conquistar também os norte-americanos. Vitorioso na década de 1980 no Brasil, o formato está ressurgindo timidamente no país. Quem se aventurar, acredito, tem grandes chances de gostar e se dar bem nesse espaço.

Em outro extremo, estão os diversos formatos classificados como *small stores*, os formatos facilitadores. São as conhecidas lojas de conveniência de postos de combustíveis ou de rua, que buscam satisfazer uma necessidade emergencial ou rotineira dos consumidores. O melhor exemplo desse formato, que já existe há anos no Brasil, são as padarias, muito tradicionais e presentes em quase todas as esquinas de nossas cidades. Como já perceberam que a sobrevivência depende de maior oferta de produtos e serviços, estão se transformando em superpadarias, indo além de suas linhas tradicionais, com a oferta de lanches diferenciados, almoço e uma pequena variedade de mercearia, na qual usam a técnica do autosserviço para acelerar o atendimento.

Todos os formatos têm futuro, alguns mais, outros menos, alguns com mais espaço para crescer em número de lojas e outros menos. Mas todos deverão sobreviver. O maior espaço parece estar nas mãos dos supermercados de proximidade, as *urban stores*, mais do que um formato, um conceito que abarca vários formatos cada vez mais populares no país. Se fosse listar rapidamente os mais promissores formatos associados ao modelo de *urban stores*, arriscaria palpites nas lojas de produtos orgânicos, lojas especializadas em frutas e verduras, que crescem já há algum tempo no Brasil, nas superpadarias e nas lojas étnicas, que ainda não se destacam, mas irão.

Em síntese, os negócios precisam ter clareza sobre que público pretendem alcançar. Devem compreendê-lo com o máximo de profundidade, saber as características de sua assiduidade – comprador diário, semanal, mensal e oportuno —, seus gostos, valores, hábitos e necessidades. Apenas com um conhecimento profundo e amplo do consumidor, o varejista compreenderá e se antecipará às tendências, surpreendendo os consumidores e saindo na frente dos concorrentes em todos os aspectos mais importantes para o sucesso de um negócio: linha de produtos, formato, *layout*, nível de serviço e localização do ponto.

O futuro parece estar andando por aí:

- Criar uma atmosfera agradável para gerar uma excelente experiência de compras;
- Criar praticidade para o consumidor, pois comprar alimentos não é prazeroso;
- Ter qualidade em tudo, principalmente nos produtos;
- Aposte no *e-commerce*: comércio eletrônico;
- Melhore o quanto puder a sua tecnologia;
- Lembre-se que a preocupação com o verde e com a ecologia está chegando para ficar;
- O mesmo para o comprometimento e o envolvimento com seus clientes e sua comunidade;
- Tratar o consumidor como alguém inteligente, pois, de fato, ele o é;
- Praticar preços justos e realizar ofertas que realmente tragam vantagem ao cliente;
- Conveniência é a palavra-chave.

Estude, veja, viaje, compare e, nesse mundo supermercadista tão competitivo, nunca fique estático, satisfeito com o que tem. Amanhã, você pode não ter mais. Inovar não é um privilégio esporádico, é uma necessidade constante para a sobrevivência do seu negócio e da própria vida.

SUPERESTÓRIAS
Durante um determinado período, trouxemos para nos ajudar alguns aposentados executivos supermercadistas, muito experientes, para conhecer nossa empresa e propor coisas novas, para nos aprimorarmos.

Um deles, Mr. Blount, fez uma proposta ao nosso presidente, que gostou muito e me pediu para implementá-la.

Achei estranho, pois tinha feito proposta semelhante há uns seis meses, sendo ela recusada.

Aí, perguntei a ele porque a dele era boa e a minha não, se eram iguais.

Ele me respondeu: "Porque eu sou um expert".

E eu: "Mas eu também sou. Qual a diferença?"
E ele: "Você aqui não é um expert. Expert é sempre aquele que vem de fora e custa caro".

SUPERMORAL
Vivendo e sempre aprendendo.

SUPERMERCADO É GENTE!

Conheça algumas pessoas que participaram e participam da minha vida

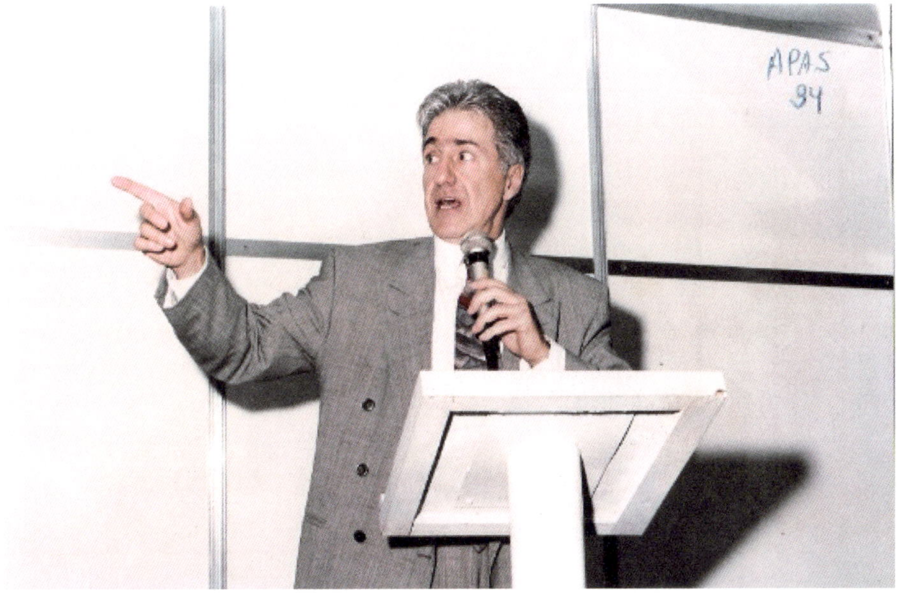
APAS
94

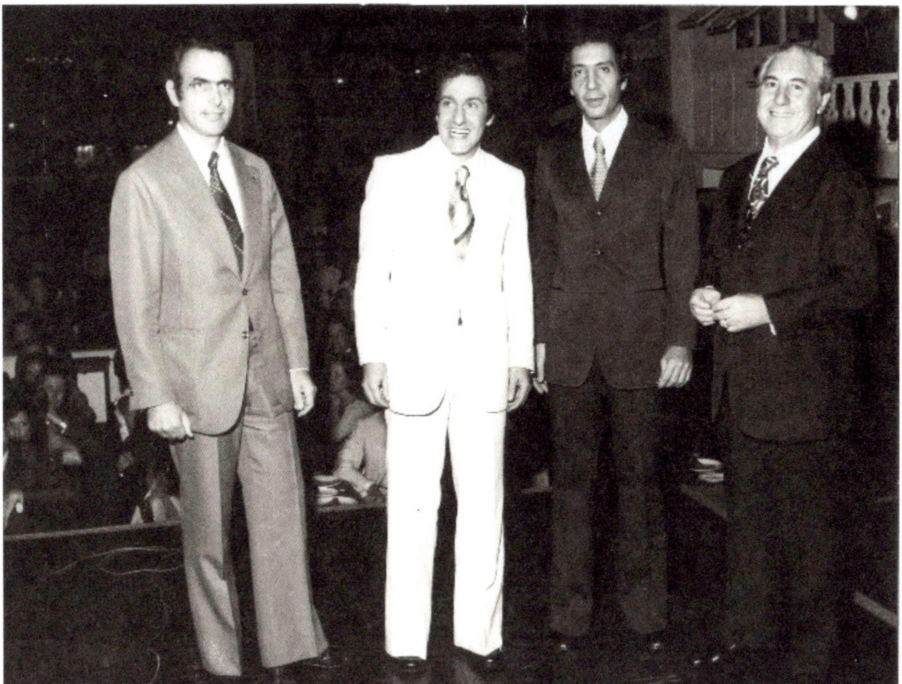

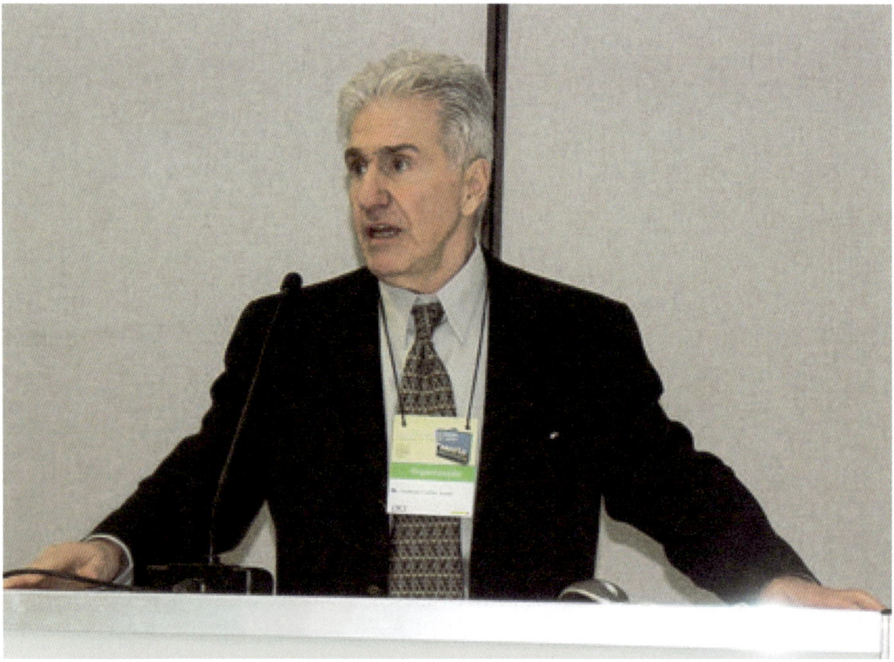

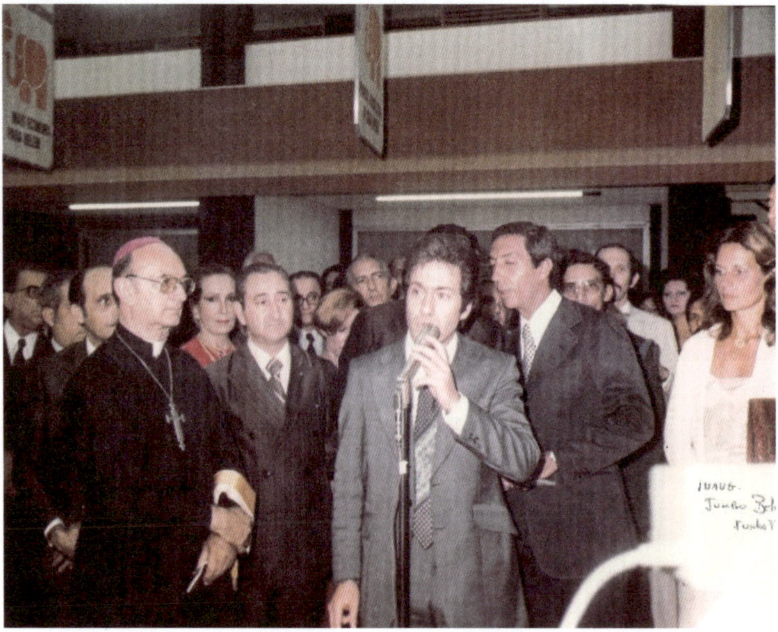

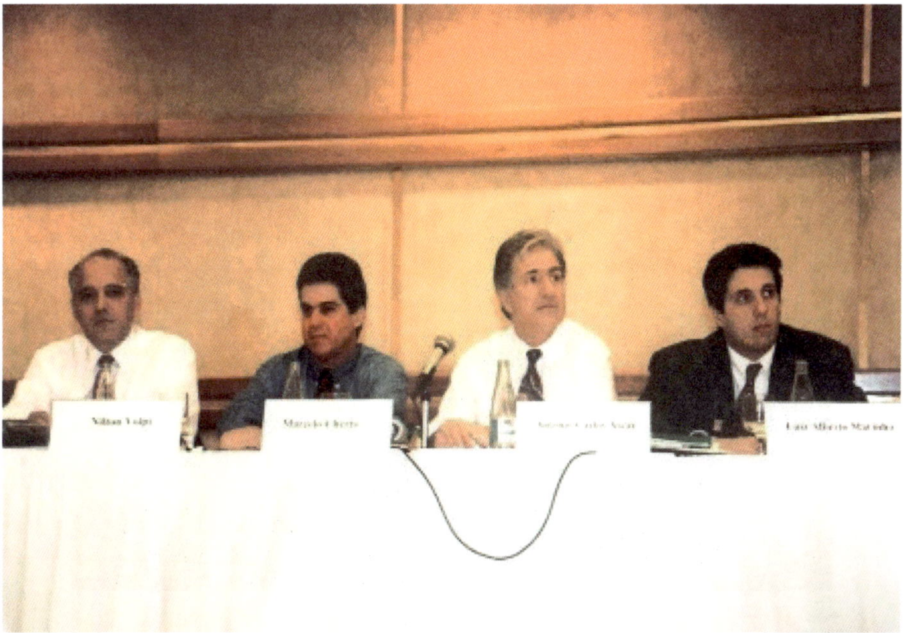

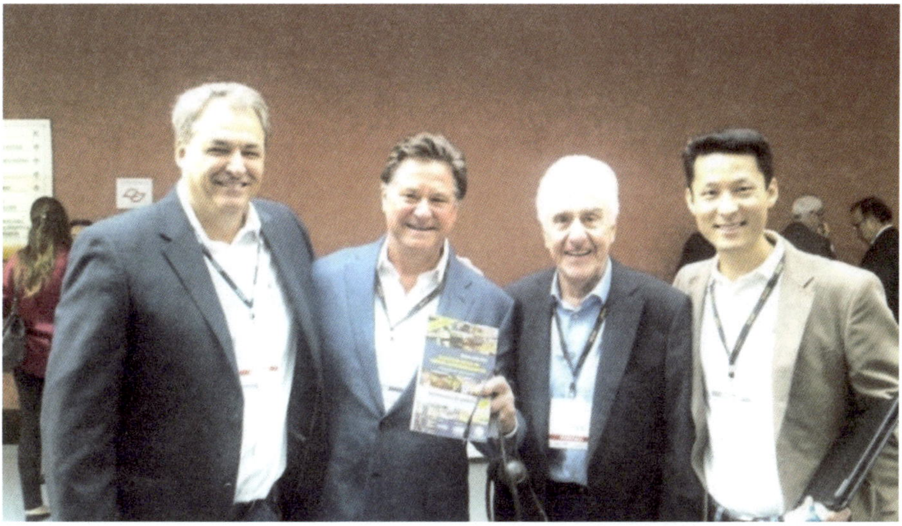

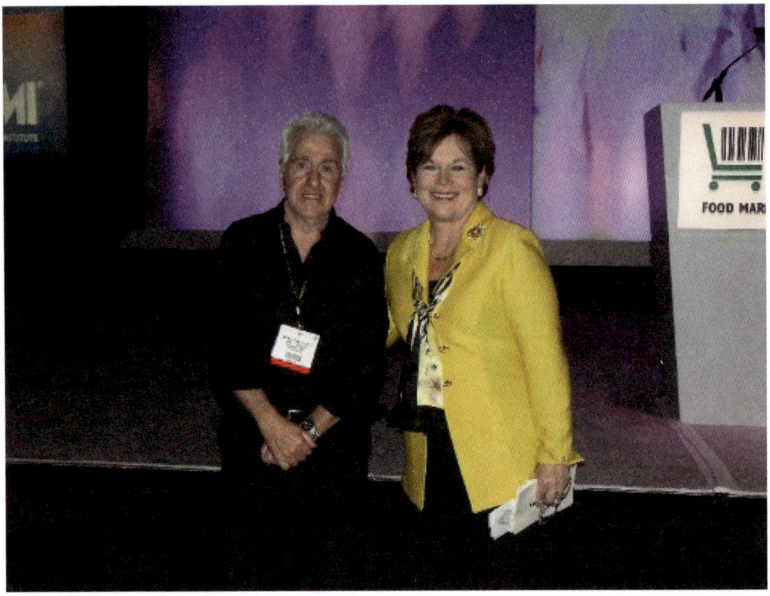

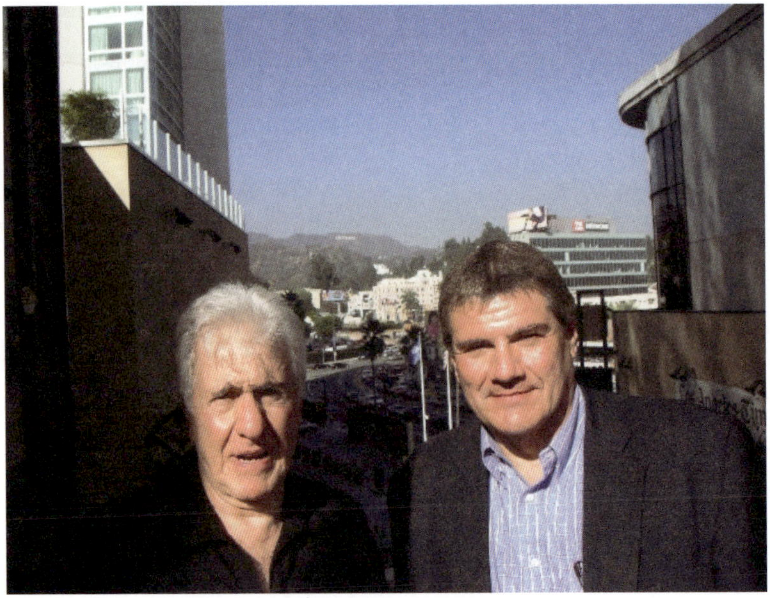

ANTONIO CARLOS ASCAR

SUPERMERCADOS NO BRASIL

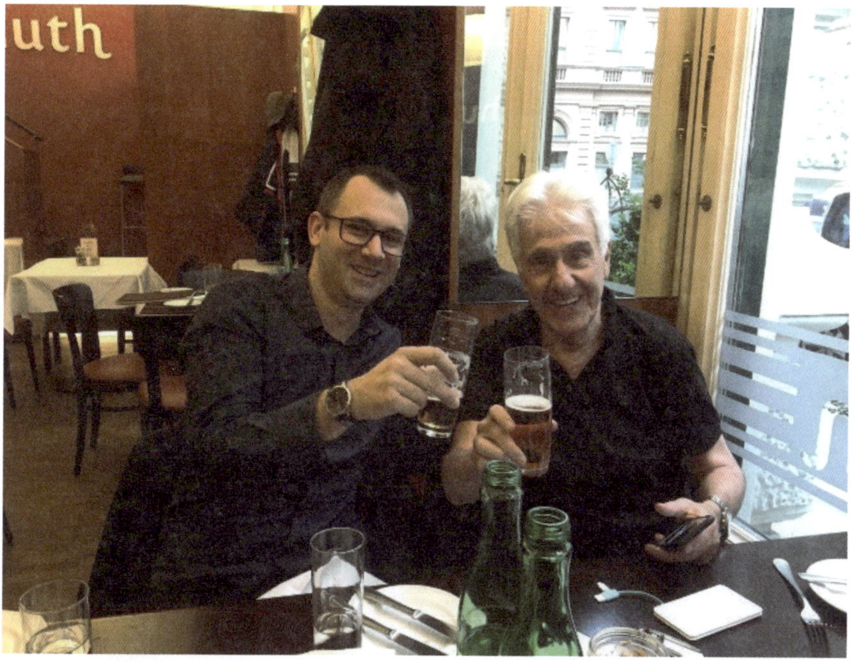

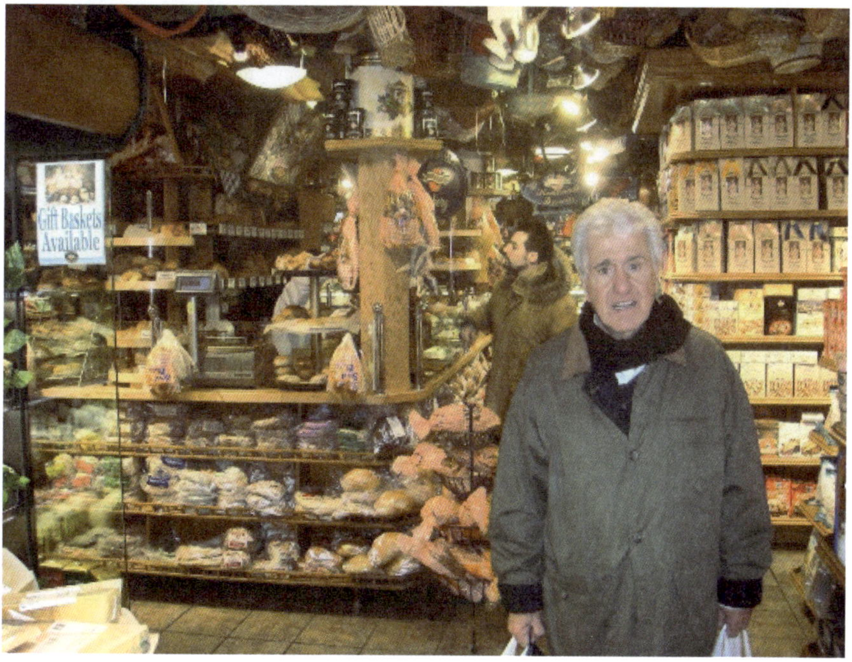
Gift Baskets
Available

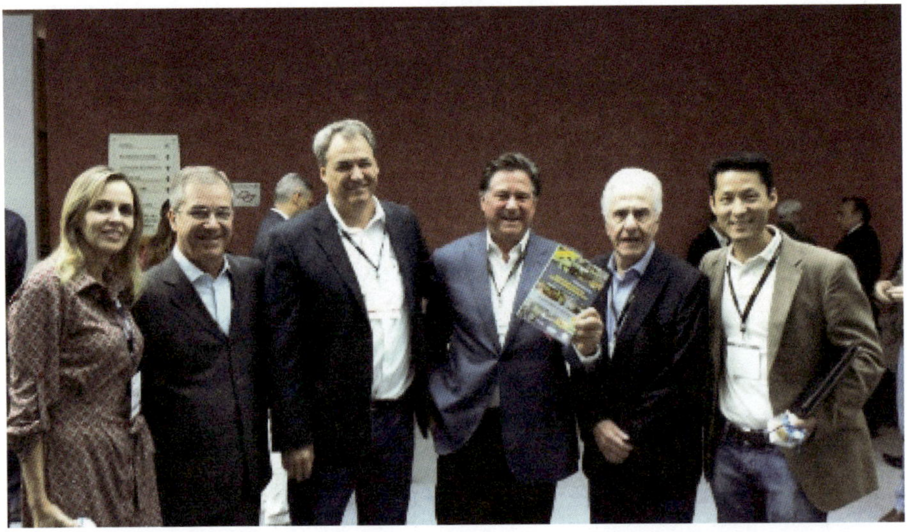

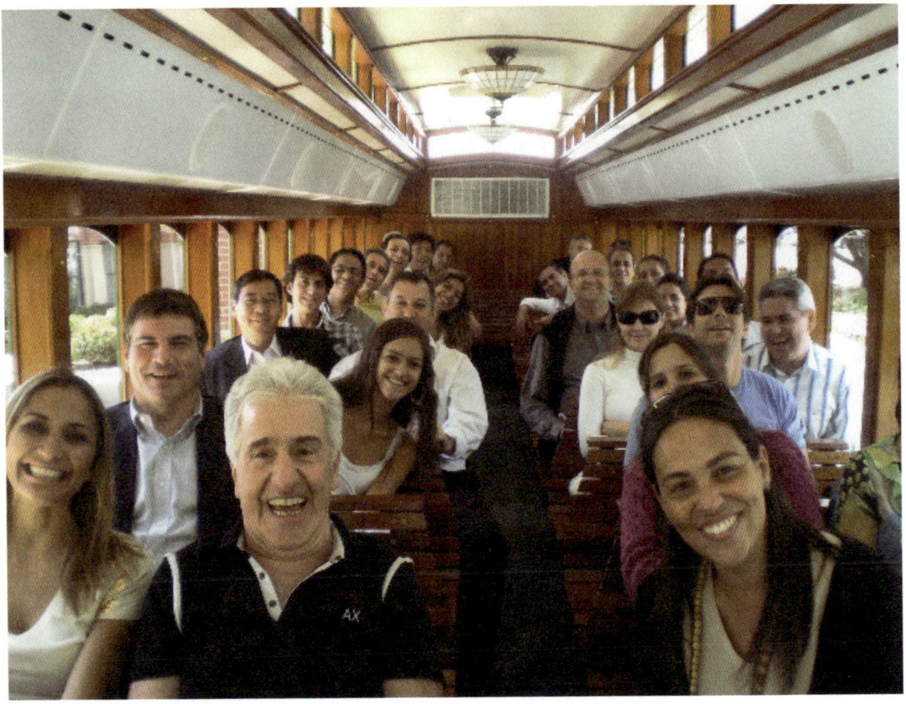

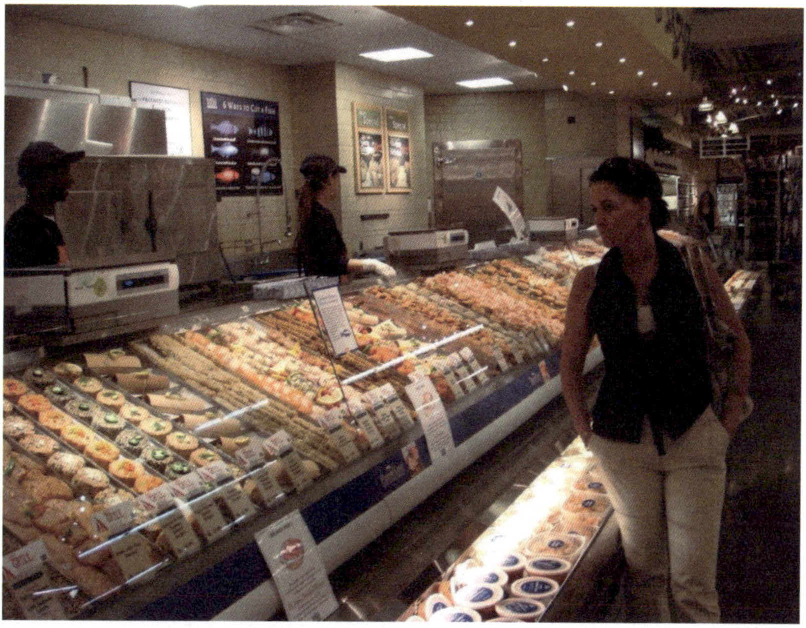

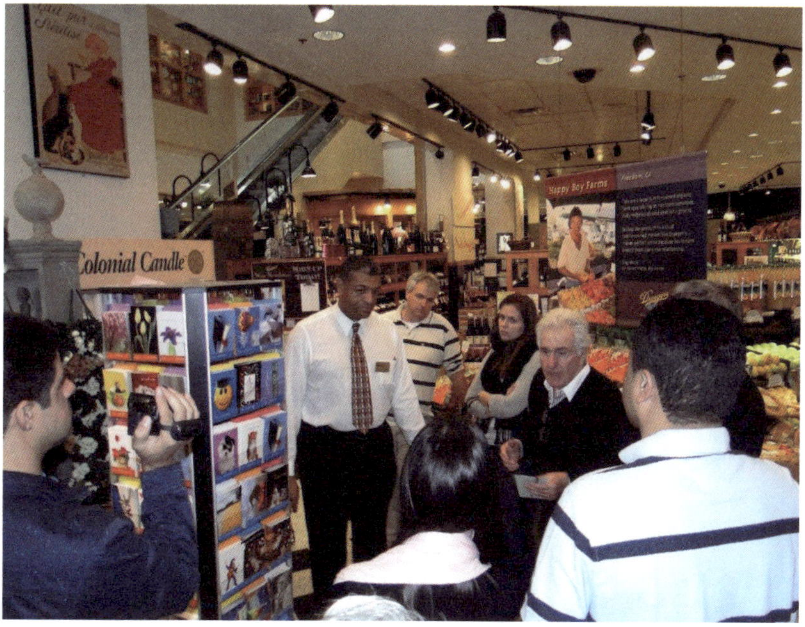
Colonial Candle
Happy Boy Farms

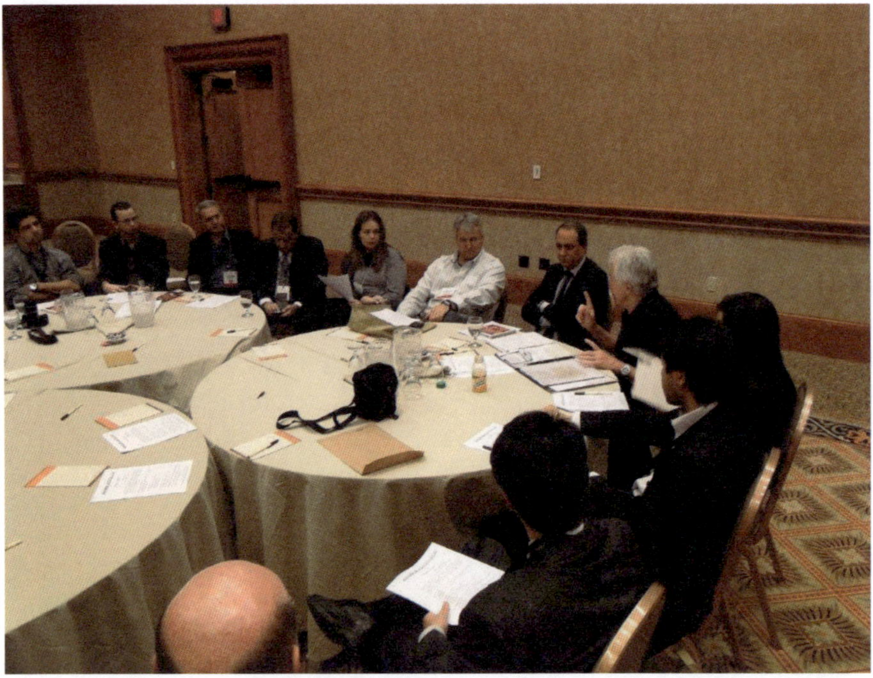

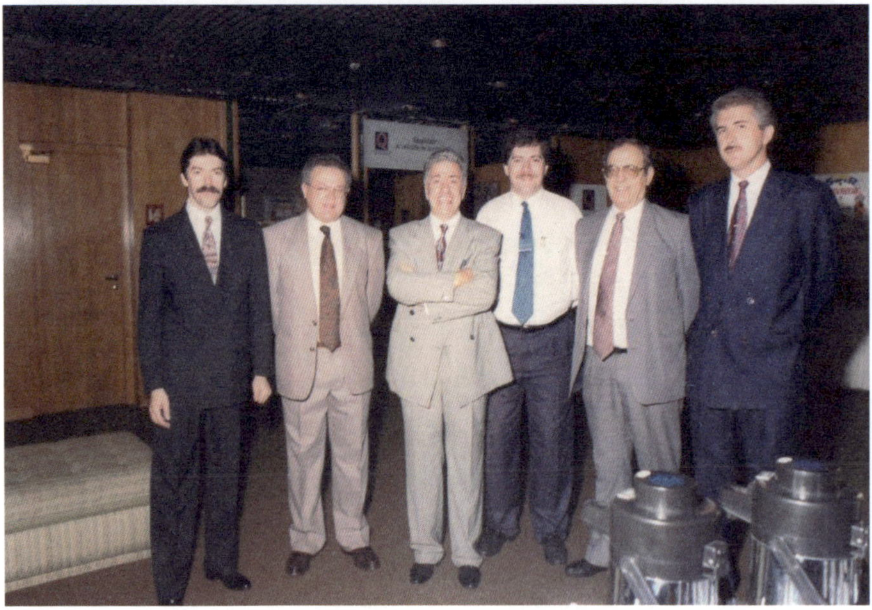

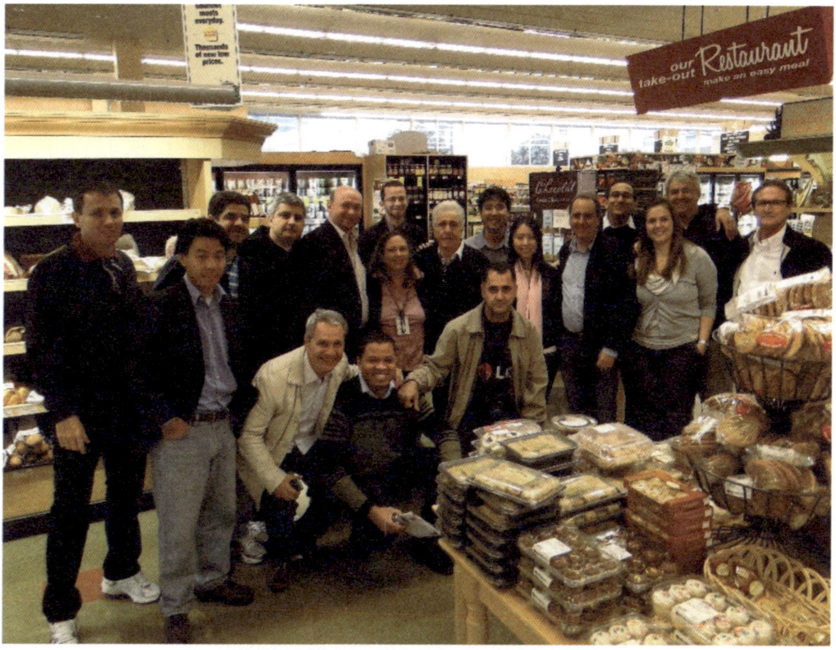
our take-out Restaurant
make an easy meal

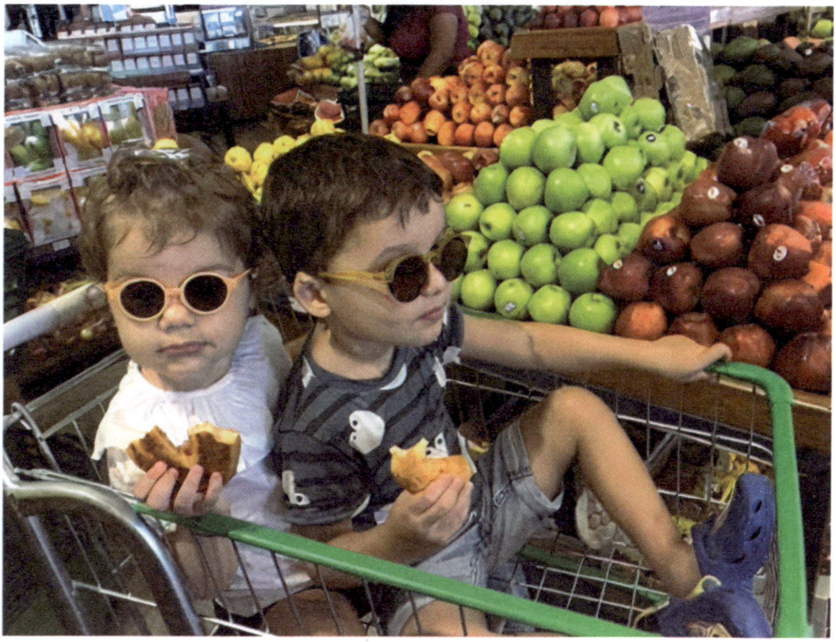

SUPERMERCADOS NO BRASIL

BIBLIOGRAFIA

ABRAS. *40 anos de supermercados no Brasil*. São Paulo, 1993.

ABRAS. *50 anos de supermercados no Brasil*. São Paulo, 2002.

AGAS. *A história dos supermercados gaúchos*. Porto Alegre, 1999.

ALEXANDRE, Nelson. *O modelo de supermercado*. Lisboa: Distribuição Hoje, abril/1991.

ASCAR, Antonio Carlos. *Anuário de compras Abras: formatos de lojas de alimentação no Brasil*, 1997.

ASCAR, Antonio Carlos. *Glossário Ascar de termos supermercadistas: a linguagem dos supermercados*. 1.ed. São Paulo: Best Point, 2013.

ASCAR, Antonio Carlos. *Origem e desenvolvimento dos supermercados*. Palestra em São Paulo, 1971.

ASCAR, Antonio Carlos. *Tendências, Anuário Abras*, 1997.

ASCAR, Antonio Carlos. *Hipermercado exigindo vantagens*. São Paulo: SuperHiper, novembro, p.44, 1989.

ASCAR, Antonio Carlos. *Un guía para su expansión*. Chile: Super Tecnomercado, p.14/16, 1997.

ASCAR, Antonio Carlos. *Vaticinando la sala del futuro*. Chile: Super Tecnomercado, p.43/47, 1997.

ASCAR, Antonio Carlos. *Não existe um modelo de loja ideal*. Porto Alegre: Revista Agas, p.38, ago.1994.

ASCAR, Antonio Carlos. *O mercado está além dos números*. São Paulo: SuperHiper, abril, p.138, 1998.

ASCAR, Antonio Carlos. *Um factor que já faz diferença.* Lisboa: Distribuição Hoje, p.4 junho, 1998.

ASCAR, Antonio Carlos. *A solução está no prazer de ser supermercadista.* São Paulo: SuperHiper, maio, 1999.

ASCAR, Antonio Carlos. *O hard discount, de volta para o futuro.* São Paulo: SuperHiper, junho, 2001.

ASCAR, Antonio Carlos. *Layouts muito comportados.* São Paulo: SuperHiper, setembro. p.54, 2004.

ASCAR, Antonio Carlos. *Cuide primeiro da sua casa.* São Paulo: SuperHiper, p.30/32, maio, 2008.

ASCAR, Antonio Carlos. *Quem pode prever?* São Paulo: SuperHiper, dezembro, p.162/163, 2012.

BARTABURU, Xavier. *Casa Santa Luzia: a história de uma marca.* São Paulo: Grifo, 2013.

CARREÑO, Alberto M. *Breve historia del comercio.* México: Ediciones UNAM, 1942.

CHARVAT, Frank J. *Supermarketing.* New York, NY. The Mcmillanco, 1961.

DINIZ, Abílio. *O Brasil na era dos supermercados.* São Paulo, 1968.

DUDDY, Edward A.; REVZAN, David A. *Marketing, an institucional approach.* New York: Mc Graw Hill, 1953.

ETHIENNE, Thil. *Les inventeurs du commerce moderne.*

FOOD MARKETING INSTITUTE. *The state of the food Marketing Industry,* 1997.

FOOD MARKETING INSTITUTE. *The spots of the food Marketing Industry,* 1999.

HEPNER, Harry W. *Modern marketing.* New York: Mc Graw Hill, Inc, 1955.

KNOKE, William. *O supermercado no Brasil e Estados Unidos.* São Paulo: Revista de Administração de Empresas, número 9, outubro, 1963.

KOTLER, Philip. *Administração de marketing.* São Paulo: Prentice Hall, 2000.

LEVY, Weitz. *Administração de varejo.* São Paulo: Atlas, 2000.

MC AUSLAND, Randolph. *Supermarkets, 50 years of progress.* Washington: Food Market Institute, 1980.

SAMHABER, Ernest. *Historias del comercio.* Madrid: Ediciones Zeus, 1963.

STILMAN, Meyer. *O comércio varejista e os supermercados na cidade de São Paulo. Universidade de São Paulo,* Tese de Mestrado na Faculdade de Economia e Administração, 1962.

WILLIAMS, Bridget. *The best butter in the world: a history of Sansbury's.* London, Ebury Press, 1994.

ZIMMERMAN, M.M. *The supermarket, a revolution in distribution.* New York: McGraw-Hill Book Company, Inc, 1955.

ZIMMERMAN, M.M. *The challenge of chains store distribution.* New York: Harper & Brothers, 1931.

ZIMMERMAN, M.M. *The supermarket grows up.* New York: Supermarket Publishing, 1939.